民语文能力测评现状发展研究

风 等 著

本成果受国家社会科学基金重大项目（项目批准号15ZDB081）和北京语言大学校级项目（中央高校基本科研业务费专项资金）（18PT10）资助

中国出版集团
研究出版社

图书在版编目（CIP）数据

国民语文能力测评现状与发展研究 / 赵琪凤等著
. -- 北京：研究出版社，2022.6
　ISBN 978-7-5199-1221-5

Ⅰ.①国… Ⅱ.①赵… Ⅲ.①语文教学 - 教学研究
Ⅳ.① H19

中国版本图书馆 CIP 数据核字（2022）第 052564 号

出 品 人：赵卜慧
出版统筹：张高里　丁　波
责任编辑：安玉霞

国民语文能力测评现状与发展研究

GUOMIN YUWEN NENGLI CEPING XIANZHUANG YU FAZHANG YANJIU

赵琪凤　等 著

研究出版社 出版发行

（100006　北京市东城区灯市口大街 100 号华腾商务楼）
北京云浩印刷有限责任公司印刷　新华书店经销
2022 年 6 月第 1 版　2022 年 6 月第 1 次印刷
开本：710 毫米 × 1000 毫米　1/16　印张：15.75
字数：210 千字
ISBN 978-7-5199-1221-5　定价：59.00 元
电话（010）64217619　64217612（发行部）

版权所有·侵权必究
凡购买本社图书，如有印制质量问题，我社负责调换。

绪　言

本书名为《国民语文能力测评现状与发展研究》，旨在探求国民语文能力的构成要素，梳理国民语文能力研究现状、评估现状，思考国民语文能力测试发展趋势。本书之所以要进行这样一个课题的研究，主要考虑有四：

第一，国民语文能力研究作为一个需要较长时段展开持续性研究的重大课题，正如陈跃红教授在《国民语文能力研究的问题意识与重要意义》（2019）中所说，国民语文能力研究"事关国家核心价值的语言呈现和阐释能力，事关民族文化传统的记录、传承和发展持续需求，事关当代和未来国民素质的养成和表现"。正因如此，随着全民对语文能力认识的逐步加深，立足于国民语文能力构成要素研究，并据此深入探索对语文能力的分析、测评、教学、学习等研究，便成为日益清晰的研究课题。

第二，对于国民语文能力而言，"语文核心素养"作为国民语文全面发展范畴的一个重要部分具有特殊的研究价值。核心素养的提出与我国教育改革发展息息相关，它不仅有助于推动我国语文学科建设，同时也有助于明确我国教育改革的方向，促进学生全面发展。因此，梳理语文核心素养在当前义务教育阶段语文教学与教材中的设计，分析语文核心素养在高考语文测评中的体现，探究其构成要素以及在国民不同年龄阶段的教学重点与引导策略，对于探讨国民语文能力发展规律，探索国民语文能力测评研发，是一个很值得关注并付诸实践的工作。

第三，相对于国民语文能力研究现状，国民语文能力测评的开发与研究则更显迫切，亟待深入分析与开发。国际教育测评项目（例如

PISA、PIRLS、NAEP等）自研发以来，定期对基础教育阶段学生的相关素养进行测评，距今已经持续实施了二十多年，在促进世界各国、各地区学生的核心素养方面取得了明显的成效。因此，学习当前国际教育测评项目研发的重要环节，结合我国国民语文核心素养的研究现状，借鉴国际大规模测评项目的成功经验，是一个十分切实、可靠而内涵丰富的研究领域，也是本课题的一个新的研究视角。

第四，对语文核心素养以及国际教育测评项目的研究与学习，能够帮助本课题进一步探索适用于我国的国民语文能力测评的研发。比如国民语文能力测试的理论依据、测评体系的建构；语文核心素养在测评中的操作性定义；在网络科技高度发达的新时代，国民语文能力在线测评的开发与应用；等等。这一系列的问题既是有待解决的疑问，同时也有助于推动国民语文能力测评研究的发展。

带着上述认识与思考，近年来，我和课题组成员们一起，依托国家社科基金重大项目"国民语文能力研究暨测试系统分类建设"子课题，对国民语文能力及其测评问题展开了系列研究。本书所呈现的内容，就是这一研究计划的阶段性成果。本书的研究大致涉及以下几个方面的内容：核心素养在语文教育中的体现、当前国际教育测评对国民语文能力培养与测评的启示、我国国民语文能力测评发展研究、国民语文能力核心素养要素研究等。

需要说明的是，这些研究目前看起来只能算是初步的、零散的、探索性的研究，但是我们将以此为新的起点，不断深化、不断探索、不断完善相关研究，进而提高本课题对国民语文能力及测评研究的整体认识。同时，希望我们的研究能够起到抛砖引玉的作用，引起更多致力于国民语文能力研究的学者和测试专家的关注与指导，持续推进国民语文能力研究的科学规划与深入发展。

目 录

绪言	1
第一章 核心素养在我国语文教育与测评中的体现	1
第一节 引言	3
第二节 核心素养的界定	3
第三节 核心素养在我国义务教育语文教学与教材设计中的体现	8
第四节 核心素养在我国高考语文教育与测评中的体现	20
第五节 本章小结	37
第二章 阅读能力研究与国际教育测评对阅读核心素养培养的启示	39
第一节 引言	41
第二节 阅读能力的界定	42
第三节 阅读能力测评现状	47
第四节 国际教育测评对我国义务教育阶段阅读素养培养的启示	54
第五节 本章小结	60
第三章 PISA 阅读素养测评框架发展综述	63
第一节 引言	65
第二节 PISA 的特点及其阅读素养框架	66
第三节 第一轮 PISA 阅读素养测评框架的发展（2000—2006）	70
第四节 第二轮 PISA 阅读素养测评框架的发展（2009—2015）	73
第五节 第三轮 PISA 阅读素养测评框架（2018）	78
第六节 本章小结	80
第四章 母语写作测试述评——基于 NAEP、SAT 与中国高考的研究	81
第一节 引言	83
第二节 NAEP、SAT 与中国高考的写作测试介绍	83

第三节　以NAEP为代表的基础教育写作测试概述…………… 85
　　　第四节　SAT与中国高考写作测试的对比………………………… 86
　　　第五节　对我国基础教育写作测试及高考写作选拔方面的启示　89

第五章　我国中小学语文口语交际能力培养与测评初探……… **93**
　　　第一节　引言……………………………………………………… 95
　　　第二节　义务教育阶段语文口语交际能力与口语教学………… 95
　　　第三节　基于对国内初中语文口语教学情况的个案调查……… 102
　　　第四节　我国中小学语文口语交际能力测评的研发设想……… 114
　　　第五节　本章小结………………………………………………… 122

第六章　国民语文能力测评发展研究……………………………… **123**
　　　第一节　引言……………………………………………………… 125
　　　第二节　语言测试理论与实践发展历程概述…………………… 125
　　　第三节　大学入学考试中语文测试对比分析与启示…………… 140
　　　第四节　我国国民语文能力测评研发初探……………………… 150
　　　第五节　本章小结………………………………………………… 162

第七章　现代测评技术在国民语文学习与测试中的应用………… **165**
　　　第一节　引言……………………………………………………… 167
　　　第二节　现代化在线阅读测评技术对小学生阅读教学的影响… 168
　　　第三节　语文能力测试中的人工智能评分研究………………… 174
　　　第四节　本章小结………………………………………………… 183

第八章　学习机会探究与汉语特色句式学习……………………… **185**
　　　第一节　引言……………………………………………………… 187
　　　第二节　学习机会：内涵、测评与实践模式——基于国际教育
　　　　　　　测评的分析与比较……………………………………… 188
　　　第三节　汉语学习者习得汉语"把"字句的聚类实证分析…… 202
　　　第四节　本章小结………………………………………………… 220

结语……………………………………………………………………… **228**

参考文献………………………………………………………………… **230**

后记……………………………………………………………………… **244**

第一章

核心素养在我国语文教育与测评中的体现

第一节　引言

根据国际教育改革的发展趋势，我国教育部早在 2014 年 3 月就研制印发了《关于全面深化课程改革落实立德树人根本任务的意见》，文件指出"教育部将组织研究提出各学段学生发展核心素养体系，明确学生应具备的适应终身发展和社会发展需要的必备品格和关键能力"。语文学科是义务教育阶段中的一门重要学科，能发挥重要的育人作用。在我国各学段的语文教育阶段，语文核心素养在语文教学、教材设计、考试测评中均有不同的体现。

本章将对义务教育阶段（1—9 年级）语文教材设计，尤其是部编本语文教材中的核心素养设计与体现进行梳理，通过对义务教育阶段语文教学的核心素养培养现状的分析，力争为我国义务教育阶段语文核心素养研究、教学改革、教材研发提供有益启示。

在此基础上，本章继续从语文核心素养的角度出发，以 2017—2019 年高考语文全国卷和地方卷作为研究依据，分析语文核心素养四大要素在高考语文教育与测评中的体现，尝试为高中语文考试命题和课堂教学提供有益补充。

第二节　核心素养的界定

核心素养，主要是指学生应具备的，能够适应终身发展和社会发展需要的必备品格和关键能力。核心素养主要以"全面发展"为核心，分为文化基础、自主发展、社会参与三个方面，综合表现为人文底蕴、科学精神、学会学习、健康生活、责任担当、实践创新六大素养。核心素养的明确提出及其进一步的细化有助于明确教育改革方向，推动学科建设，促进学生全面发展，提升21世纪国家人才核心竞争力。

2.1 核心素养在国际的研究现状

为了适应国际形势的发展变化，许多国际组织、国家和地区对核心素养进行了研究，并开展了相应的核心素养教育课程改革。

2.1.1 三个国际组织对核心素养的研究

1997年12月，经济合作与发展组织（OECD）启动了"素养的界定与遴选：理论和概念基础"（即DeSeCo）项目；2003年，经济合作与发展组织出版了最终研究报告《核心素养促进成功的生活和健全的社会》，将有关学生能力素养的讨论直接指向"核心素养"，并构建了一个分别涉及"人与工具""人与自己""人与社会"三个方面的核心素养框架；2005年，经济合作与发展组织专门发布了《核心素养的界定与遴选：行动纲要》（李艺、钟柏昌，2015）。

2006年12月，欧盟（EU）通过了有关核心素养的建议案，指出核心素养包含母语、外语、数学与科学技术素养、信息素养、学习能力、公民与社会素养、创业精神和艺术素养共计八个领域的内容（褚宏启、张咏梅、田一，2015）。

2013年2月，联合国教科文组织（UNESCO）发布的报告《走向终身学习——每位儿童应该学什么》基于人本主义的思想提出了核心素养，指出在基础教育阶段要尤其重视身体健康、社会情绪、文化艺术、文字沟通、学习方法与认知、数字与数学、科学与技术等七个维度的核心素养（褚宏启、张咏梅、田一，2015）。

2.1.2 其他国家对核心素养的研究

许多国家对核心素养进行了研究。例如，美国在2002年制定了

《"21世纪素养"框架》，并在2007年发布了更新后的版本内容，该框架主要包括三个方面，分别是学习和创新技能、信息媒体与技术技能、生活与职业技能，每一方面都包含若干素养要求（褚宏启、张咏梅、田一，2015）。新加坡教育部在2010年3月颁布了新加坡学生的"21世纪素养"框架（褚宏启、张咏梅、田一，2015）。日本国立教育政策研究所在2013年3月发布了《培养适应社会变化的素质与能力的教育课程编制的基本原理》报告，提出了日本的"21世纪能力"（褚宏启，2016）。

2.2 国内的研究现状

2014年3月，我国教育部印发了《关于全面深化课程改革 落实立德树人根本任务的意见》，文件指出"教育部将组织研究提出各学段学生发展核心素养体系，明确学生应具备的适应终身发展和社会发展需要的必备品格和关键能力"。我国学者林崇德及其团队对中国学生发展的核心素养体系进行了研究，并将其学生发展核心素养系列丛书命名为《21世纪学生发展核心素养研究》。2016年9月13日，《中国学生发展核心素养》研究成果在北京公布，我国的核心素养总体框架出台。该研究指出，核心素养以培养"全面发展的人"为核心，分为文化基础、自主发展、社会参与三个方面，综合表现为人文底蕴、科学精神、学会学习、健康生活、责任担当、实践创新六大素养，并具体细化为18个基本要点。王宁（2016）认为语文核心素养是"学生在积极主动的语言实践活动中构建起来、并在真实的语言运用情境中表现出来的个体言语经验和言语品质；是学生在语文学习中获得的语言知识与语言能力、思维方法和思维品质，是基于正确的情感、态度和价值观的审美情趣和文化感受能力的综合体现"。

2.2.1 核心素养在义务教育阶段语文教材中的研究现状

汪雅婧（2017）对比了"部编本"初中语文教材与2013年人教版初中语文教材，认为新教材的编写理念和特色具有以下几个特色：强调重建知识系统，重视语文基础知识点和能力点；助读系统中导引、导读部分突出知识点，把课外阅读纳入教材体制；选文系统中选文的数量和顺序都有所变化，重视经典篇目的回归；练习系统中课后练习更细化，写作主题循序渐进。该文在此基础上还探讨了这些内容对新教材的使用启示，以及对语文教学的启示。王本华（2017）认为部编本教材的编写突出了"语文核心素养"的理念，能够培养学生应具备的关键能力和必备品格，并认为新教材的编写具有多个创新点，如双线组织单元结构、强化语文学习的综合性和实践性、重视阅读能力与阅读兴趣的培养、建设"三位一体"的阅读教学体系等。龚郑勇（2018）认为在发展中国学生的核心素养中，语文教材只是工具，核心素养才是目标。他认为教师对语文教材的准确定位应是科学规范的文本提供者、经典文化的引导者和课程资源的指路者，通过语文教材、语文课程资源的利用与开发，能将个体培养成现代合格公民和"自由而全面发展的人"。

2.2.2 核心素养在义务教育阶段语文教学中的研究现状

赵莹莹（2017）分析了初中语文教学取得的成果和存在的问题，探讨了在发展语文核心素养背景下的初中语文教学的改进策略，对教学内容和教学方法都进行了分析。杨仁燕（2018）以部编本小学语文教材为例，分析了基于语文核心素养的小学低年级阅读教学现状，从语言文字的学习与运用、思维能力的拓展与提升、审美鉴赏能力的培养与塑造、传统文化的认识与理解四个方面提出了相应的阅读教学策略，并针对小学低年级的现实情况提出了教学中应注意的事项。张帆（2018）根据核心素养的内涵要求，总结出了"学生中心""具体情景""教会学习"和"素养中心"四个教学观念，并以中学语文教材中的鲁迅作品为例提出了三种教学方法。张亚童（2018）在发展核心素养的时代背景下，以初中文言文教学为例，运用文献研究法分析了语文核心素养的概念，并对文言文教学现状进行了调查分析，探讨了核心素养背景下的初中文言文教学目标、内容、方法以及教学评价应如何转变。薛法根（2018）认为语文教师应准确把握语文核心素养的深刻内涵和目标指向，充分发挥语文教材的教学育人功能，要聚焦语文核心素养、把握双线并进思路、实践"三位一体"教学、运用深度学习策略，让学生经历真实的语文学习过程，以实现从"教语文"到"用语文教儿童"的实践转型。

2.2.3 核心素养在普通高中语文教学中的界定

《普通高中语文课程标准（2017年版）》提出：语文学科核心素养是学生在积极的语言实践活动中积累与构建起来，并在真实的语言运用情境中表现出来的语言能力及其品质；是学生在语文学习中获得的语言知识与语言能力，思维方法与思维品质，情感、态度与价值观的综合体现。语文核心素养主要包括"语言建构与运用""思维发展与提升""审美鉴赏与创造""文化传承与理解"四个方面。

语文核心素养是民族性与时代性的有机结合。在语文学科的教育教学中，民族性与时代性并不冲突，因此我们在语文核心素养的构建中要加强民族性与时代性的结合，培养学生的文化素质和民族素养。由此可见，核心素养包含语文核心素养，语文核心素养是在核心素养提出的基础上综合语文学科的特点建构而成的。

第三节 核心素养在我国义务教育语文教学与教材设计中的体现

3.1 核心素养背景下的义务教育语文教材的编写要求

2016年9月13日,《中国学生发展核心素养》研究成果在北京公布,我国的核心素养总体框架出台。该研究成果指出,核心素养以培养"全面发展的人"为核心,分为文化基础、自主发展、社会参与三个方面,综合表现为人文底蕴、科学精神、学会学习、健康生活、责任担当、实践创新六大素养,可细化为18个基本要点。因此,我国义务教育阶段语文教材的设计要符合我国学生核心素养框架的建设,符合我国的国情和学情。根据王宁（2016）对"语文核心素养"的理解,我们可以看出语文核心素养的四个关键点是"语言建构与运用""思维发展与提升""审美鉴赏与创造"和"文化传承与理解"。为了培养学生的语文核心素养,新教材要重视培养学生具备最基本的适应时代发展的关键能力；要重视优秀文化对学生的熏染；要注重提升学生的道德修养和审美情趣,让学生具有良好的个性和健全的人格。义务教育阶段的语文教材除了要让学生学到传统教育中涉及的知识能力,还要培养学生的情感、态度和价值观,避免重知识、轻能力,避免忽视对学生的情感价值观的培养。

3.1.1 我国义务教育阶段的语文教材

以前,我国义务教育阶段的语文教材版本多样,中小学语文教材出现"一纲多本"的现象。后续进行的语文教材改革,就是希望借此发展我国学生的语文核心素养。教育部根据中共中央办公厅、国务院办公厅下达的要求,统一组织编写了新版教科书,即部编本教材。温儒敏

(2016)介绍了部编本语文教材主要有四大总体特色、七个创新点,指出在义务教育阶段教学的语文教师要立足教材,在教学中培养学生的"语文核心素养"。

3.1.2 核心素养在义务教育语文教材设计中的体现

义务教育阶段是学生学习的重要时期。部编本语文教材的投入使用,目的在于让学生在学习中逐渐提升语文核心素养。核心素养综合表现出的六大素养,在部编本语文教材的设计中均能得到体现。某一板块、某一单元的教学内容的编写,除了能提升学生某一方面的素养,还能同时提升学生其他方面的素养。

3.1.2.1 思维能力的训练

部编本语文教材不再像以往的语文课本那样,要么只突出人文价值,要么只呈现语文学科知识(安奇,2018)。温儒敏(2016)在其文中介绍,部编本语文教材"采用'双线组织单元结构',按照'内容主题'(如'修身正己''至爱亲情''文明的印迹''人生之舟'等)组织单元,课文大致都能体现相关的主题,形成一条贯穿全套教材的、显性的线索,但又不像以前教材那样给予明确的单元主题命名;同时又有另一条线索,即将'语文素养'的各种基本因素,包括基本的语文知识、必需的语文能力、适当的学习策略和学习习惯,以及写作、口语训练等等,分成若干个知识或能力训练的'点',由浅入深,从易及难,分布并体现在各个单元的课文导引或习题设计之中"。

部编本语文教材的编排方式比较合理。教材的整体设计不仅体现了知识素养,还体现了人文素养,两者相互结合,互相补充(安奇,2018)。这种编排结构不仅可以培养学生的文体意识、锻炼学生的思维能力,还把语文知识同我们的生活结合起来,有助于发展学生的语文核心素养。

3.1.2.2 语言文字运用能力的训练

在学生的语文学习中，识字写字能力、阅读能力以及表达能力的训练均占据非常重要的位置。所以，我国的语文教材应注重培养提高学生的识字写字能力、阅读能力与表达能力，重视培养学生对语言文字的综合运用能力。

（1）识字写字的教学安排更加具有科学性

识字、写字的教学安排贯穿整个义务教育体系。这一安排也是提升学生阅读能力、表达能力的一个基础条件。温儒敏（2016）介绍部编本语文教材一年级的课文和习题等内容的设计严格落实300字基本字表，教材还改变了以往入学即学拼音的方式（新教材的汉语拼音教学安排较以往延后一个月进行），同时指出教师在汉语拼音教学中有两个注意要点：其一是对汉语拼音的要求不宜过高，其二是要重视一年级学生的心理特点。姜昱辰（2017）认为"将识字写字内容融入其语文核心素养的元素，有助于学生高效地巩固基础知识，获得基本语文能力，以提高语文综合素养。基于语文核心素养的识字写字相关教学的主要方法包括识字写字教学、汉语拼音教学以及书法教学"。

（2）阅读能力的训练

王本华（2017）认为部编本语文教材构建了一个从"教读课文"到"自读课文"再到"课外阅读"的"三位一体"的阅读体系，并在文中分析了如何进行"教读""自读"和"课外阅读"。王本华（2017）在文中介绍到，"教读"就是在老师的带领下，学生运用一些阅读策略和阅读方案来进行阅读，在这个过程中学生学到的是阅读方法；"自读"就是学生用自己学过的阅读方法进行自主阅读，进一步强化已学的阅读方法；而"课外自读"则属于拓展阅读。

义务教育阶段的部编本语文教材都有书目安排，介绍了学生每个学期可以读哪些书。只有"多读"，学生的阅读能力才有可能得到提升。

如果一个学生的阅读量大、阅读面广，他的视野就会更开阔，同时他的语文素养也会跟着提高。部编本语文教材重视学生的课外阅读，希望扩大学生的阅读面和阅读量，激发学生的阅读兴趣；希望学生在阅读中增长知识，提高审美鉴赏与创造力；希望学生学会"迁移"自己的阅读方法和阅读体验，学会自主阅读、主动阅读。

（3）表达能力的训练

部编本语文教材的设计不仅注重提升学生的阅读能力，也注重提升学生的表达能力。教材编写者加大了语言表达在语文教材中的比重（周彩丽，2019）。表达包括"书面表达"和"口头表达"。

教材重视"读写结合"，因此学生可以从阅读中学习如何表达。学生学习语文可以加强自己对语言文字的运用能力，"听、说、读、写、思"的训练对学生来说同样重要。"书面表达"包括教师对学生进行的"习作训练"，"口头表达"就是教师要让学生进行"口语交际"的练习。

教材重视"习作训练"，教材中的习作话题内容丰富多样。统编小学语文教科书执行主编陈先云认为"教科书十分重视书面表达，即习作训练。以习作能力发展为主线，组织独立的习作单元内容，是统编教科书体系结构上的重要突破，意在改变多年来语文教学实践'重阅读轻写作'的状况"（周彩丽，2019）。陈先云还提到，教材在编写中重视"口语交际"训练的实效性，编写者在教材中编排的"口语交际"训练，涵盖多种口语交际目标；针对不同的口语交际能力训练，教材中有不同类型的口语交际话题，每一次交际活动都附有针对性的要点提示（周彩丽，2019）。

3.1.2.3 自主学习能力的训练

部编本语文教材的编写者重视学生的主体地位，处处为学生着想。汪雅婧（2017）认为新教材在助读系统上更加注重学习方法的引导。王本华（2017）提到新教材在编写中构建了助学系统，包括单元提示、预习、注释、练习、写作技巧点拨等，让教材不仅成为教师教学的依据，同时也成为学生自主学习的依据；王本华（2017）列举的例子是，为了提升学生的综合学习能力，在阅读教学上，除了让学生积累字词句，还应重视激发学生的学习兴趣，同时学生可以通过学校提供的配套资源、网络等提供的辅助教学资源进行自主学习。

3.1.2.4 优秀文化的继承与发扬

温儒敏（2016）指出，部编本语文教材课文选篇的四个标准是经典性、文质兼美、适宜教学以及适当兼顾时代性，一个非常明显的变化是传统的篇目增加了。王本华（2017）介绍到教材所选的课文大部分是那些沉淀下来的、得到人们广泛认可的作品；认为学生在学习经典篇目时，突破了时间和空间的限制，可以学到不同民族、不同国家、不同思想、不同流派、不同风格的作品，与古今中外的名家进行思想上的碰撞和交流。

通过对教材的学习，学生不仅能学习和传承中华民族的优秀传统文化，还能了解海内外的古今优秀文化，树立正确的人生观、世界观和价值观。除此之外，学生还能提高语言文字的运用能力、提升自己的语文水平、发展自己的语文核心素养。

3.1.2.5 多角度与社会生活接轨——学会学习、健康生活与实践创新素养的体现

王本华（2017）认为新教材在新课标的规定下设置了教学内容，同时也为教师和学生留出了拓展的余地。王本华（2017）还认为在课文的设置方面，教材有"精读"内容和"略读"内容，方便学生根据自己的学习情况进行学习调整；学生在学习了教材内容后，可以采用自主学习、合作学习等形式进行学习，并运用网络平台等技术手段扩大学习的空间；各个单元板块的设计尽量把语文知识和社会生活相联系，引导学

生关注社会。可见，我国的部编本语文教材重视学生的学习主体地位，希望学生可以用多种学习方式拓展学习空间，能将学到的东西运用到课外，从而让学生把自己的学习与生活结合起来。

3.2 核心素养在义务教育语文教学中的体现

为顺应我国教育改革的发展趋势与发展步伐，我国义务教育阶段的语文教师要在教学中主动转变自己的教学方法，利用好每一堂语文课，切实帮助学生的语文核心素养的形成。

3.2.1 总体型教学方法

我们并非全盘否定传统的教学方法。例如，我们依旧认为学生学习语文需要"多读""多写"和"多背"，这是学生学习必经的过程。在发展学生核心素养的背景下，我们希望语文教师根据时代的要求和教材的内容，适当转变自己的教学方法，并根据实际的教学情况灵活运用教学方法，避免一成不变。由于义务教育阶段的学生年龄有一些跨度，教师在教学中要关注学生的学习年龄、学习心理、学习进度与学习状态。对于低、中、高学段学生的语文教学，教师还需根据语文教材对不同学段提出的教学要求来调整自己的教学方法。

结合前人的观点，本节所谈到的总体型教学方法主要包括以下六个方面。

3.2.1.1 由"抽象灌输"转为"体验教学"

在以往的语文教学中，语文教师主要是向学生传授抽象的知识，让学生学习书本中的字、词、句等内容。张帆（2018）认为老师的观念要做出变革，其中一条就是要做到从"抽象讲授"到"具体情境"；认为在传统教学中，由于所学知识比较抽象，学生不易理解吸收，也容易失去学习兴趣。因此，张帆（2018）提出教师在传授基础知识时，要注重对教学情境的设置，增加学生的真实体验感，让学生在体验式的学习模式中学习知识。

张帆（2018）把从"抽象讲授"到"具体情境"这一内容归入教师教学观念的变革中。我们认为，语文教师在教学中也应做到由"抽象灌输"转为"体验教学"。在具体的教学中，针对不同的教学内容，语文教师要设置不同的教学情境，试着让学生尝试体验作者的经历。这一方式可以让学生加深对文本的理解，提升文本鉴赏的能力，从而提升语文核心素养。

3.2.1.2 利用网络媒体技术辅助教学

网络媒体技术的飞速发展，推动了教学设备的发展。如果学校具备这种条件，语文教师就要学会把网络媒体技术应用到具体教学中。教师不应盲目地应用这些技术，也不应过度依赖技术，而是要恰当地运用这些技术。为了改进初中语文教师的教学方法，赵莹莹（2017）认为教师的教学方法应从"多媒体教学"到"互联网+"，她指出教育迎来了信息化时代，多媒体教学能充实教师的教学内容，如果教师滥用多媒体教学，则会对学生的学习产生负面影响。因此，赵莹莹（2017）认为教师应该做出以下改进：嵌入式运用多媒体教学和构建"互联网+语文教学"平台。

值得注意的是，网络媒体技术及其设备只是起到辅助教学的作用，并不是必备条件。教师的板书在教学中仍然占有重要的地位。在教学中，语文教师不应把学生的注意力过多地吸引到多媒体课件、视频或音频中；而应根据各自的实际教学情况，适度运用多媒体设备，为传统语文课堂教学注入新的活力，全方位培养学生的语文能力和语文情怀。语文教师可以让学生利用互联网进行学习，鼓励学生将自己搜集到的学习资料在课上或课下与其他同学进行分享；也可以将自己搜集到的资料和学生进行分享。教师还可以学习翻转课堂、慕课等授课形式，用微视频的学习形式辅助学生的语文学习。

3.2.1.3 运用"启发式教学"

语文教师运用"启发式教学"可以激发学生的学习兴趣和学习动力，也可以让学生在解决问题后获得成就感和满足感。"启发式教学"的模式不是唯一的，可以有多种变体。为了改进初中语文教师的教学方法，赵莹莹（2017）认为教师的教学方法应从"泛化多元"到"有限聚焦"，针对初中生的聚焦式教学法有助于激发学生的学习动机。赵莹莹（2017）谈到我国古代著名的思想家、教育家孔子提出了"不愤不启，不悱不发"的观点，通过提出相应的问题启发学生、让学生思考体会，激发学生学习的积极性；苏格拉底提出了助产术；美国著名的哲学家、教育家杜威提出了"问题教学法"，将学生的学习活动与教师的教学相结合。因此，教师要注重培养学生具备独立思考和解决复杂问题的能力，让学生在教师的引导下学会如何从复杂的材料中找到解决问题的方案。

3.2.1.4 引导学生学会"迁移"

学生的"迁移"能力包括很多方面的内容，如对语文知识的迁移、情感态度的迁移、学习方法的迁移等。为了改进初中语文教师的教学方法，赵莹莹（2017）认为教师的教学方法应从"吸收接纳"到"迁移转化"，她提到从核心素养角度看，学生的"迁移"能力有助于培养其具备适应终生发展和社会发展的关键能力和品格。通过以往的学习，学生对知识的积累、情感态度的培养、学习方法的总结等都有了自己的理解与思考。但是，学生对新知识的学习离不开对旧知识的迁移，在理解新的内容时要借助已有的知识经验和情感体验。而学生的"迁移"能力有助于培养学生的核心素养。因此，语文教师在教学中要引导学生学会对知识、情感、学习方法等进行迁移。

3.2.1.5 注意不同学段教学要求的差异性

根据维果斯基的"最近发展区"理论,赵莹莹(2017)指出,教师要了解学生的认知水平,这样才能保证教师所提出的问题处于学生的最近发展区。学生在不同的年龄阶段会学习不同的内容,学生的理解能力、学习心理和接受程度也有所不同。我国的义务教育分为小学和初中两个阶段,在教小学生和初中生时,教师要注意教材针对不同学段所提出的不同的教学要求。例如,语文教师在教古诗词时,对低、中、高年级学生的要求应该是不一样的;在鼓励学生多读书时,低、中、高年级学生要阅读的书目也应该是有差别的。

3.2.1.6 由"重复劳动"转为"注重反思"

为了发展学生的核心素养,卢丽华(2018)认为教师要从"重复劳动者"转为"实践反思者";认为"教师几乎每天都要进行课堂教学,而课堂教学不是演出前的彩排,更需要教师进行思考和调整,总结教学得失,使下一次的教学更加完善"。而教学反思的内容不是只反思个人的不足,还包含很多内容。卢丽华(2018)指出教师的教学反思不仅限于反思自身的不足,教学反思还包含很多方面的内容,如教师课后可以及时记录课堂上闪现的灵感,捕捉有益的生成,将其加入自己的教学设计中;可以记录学生的个性化见解,补充自己的课堂教学。可见,教学反思能让教师看到教学活动的优点和缺点,帮助教师改进自己的教学方法。

3.2.2 根据具体的教学内容灵活调整教学方法

语文教师的教学方法不是一成不变的。根据不同的教学内容,教师应适当调整并采用不同的教学方法。同一种教学方法在不同课上所呈现出来的形式可能会有所不同。教师可以根据不同学段的教学要求、自己的讲课风格以及学生的学习情况和进度进行灵活调整。下面我们以初中语文教材的古诗词教学和文学名著阅读教学为例,来看语文教师对教学方法的灵活运用。

3.2.2.1 初中语文教材的古诗词教学

在古诗词教学中,教师对低、中、高学段的学生应有不同的教学要求。古诗词教学是初中语文教材中很重要的一个内容。为了让学生在学习古诗词的过程中提升语文核心素养,教师的教学策略要发生相应的变化,当然,学生在学习古诗词时仍离不开"多写""多背""多记"这些环节,通过这些环节,学生才会有更多的诗词储备。以初中学生的古诗词教学为例,结合毛超(2018)的观点,初中语文教师在教古诗词时还应注意以下几点。

(1)让学生朗读诗歌,激发学习兴趣

朗读是学生学习古诗词的一种有效的方法。毛超(2018)认为学生对古诗词的学习离不开对作品的朗读,因此古诗词教学第一步就是教师要让学生在朗读中深化阅读,从而激发学生的学习兴趣。通过朗读,学生可以加深对作品的感悟。毛超(2018)提出"读"应该贯穿古诗词教学的全流程,学生初读这些古诗词时,要读准字音、读通句子;再次朗读时,要读出节奏和韵律,还要读出情感和诗意。

(2)体验教学

教师在进行古诗词教学时,应让学生了解古诗词的写作背景,并适当设置教学情境,让学生尽量与作者"感同身受"。毛超(2018)认为语文教师应融情设境,引导学生感悟诗词意境。

教师设置教学情境时,首先要搜集好相应的材料,做好课前准备,设计好教案;在设置教学情境的时候,教师可以用语言描绘情境,引导学生进行想象,可以用合适的歌曲做背景音乐,也可以寻找与教学内容相关的图片、视频。例如,教师可以让学生观看央视综合频道推出的大型诗词文化音乐节目《经典咏流传》,让学生在音乐中感悟诗词的魅力;

如果条件允许，教师可以让学生把古诗词改编成歌，让学生自己创作旋律或进行歌曲翻唱。这些方法可以调节课堂氛围，增加学生对古诗词的理解，激发学生的学习兴趣，加强学生的情感体验。

毛超（2018）的研究还指出，如果学生在学习中遇到困惑，或者教师需要提问学生一些问题时，教师可以设置问题情境，引导学生大胆思考、发言和推导。在这一过程中，语文教师可以适当给予学生一些评价，鼓励学生，增强其自信心；同时还要关注学生的学习个性、学习过程和学习主体地位，引导学生主动思考和推导。

（3）反复朗读诗歌，加强情感体验

教师要尽量引导学生和作者产生情感共鸣，丰富学生的情感体验。毛超（2018）认为古诗词教学要注重个性化阅读，丰富情感体验，引导学生再读诗歌时，在前期积累和理解的基础上要读出意韵。经过前面的学习赏析，学生对学习的内容已经有了一定的思考和理解。有了前面的学习过程，教师再让学生反复诵读，让学生在朗读中体会诗歌的韵律、体会诗人的情感，从而提升学生的语感，锻炼学生的思维能力，提升学生的审美鉴赏与创造力。

3.2.2.2 初中语文教材的文学名著阅读教学

文学名著经过时间的检验经久不衰，并且具有较高的艺术价值和知名度。因此，国家高度重视文学名著所产生的育人价值和教育意义。结合鞠红（2019）对部编本初中语文教材文学名著阅读教学的体会，初中语文教师在教文学名著时要注意以下几点。

（1）提升个人的文学素养

语文教师要帮助学生提升文学素养，首先自己就要有较强的文学素养。鞠红（2019）指出语文教师要树立终身学习的观念，不断提升自己的文化水平，博览群书。2019年10月18日，温儒敏在"第十届中国教育学会中学语文教学专业委员会换届会议"上提出"语文老师要'读书养性'",他认为老师要想用好教材,就必须跟上去读书,有读书的计划和书单,争取成为"读书种子"。在此次会议上,温儒敏还提出了老师读书的三个"圈层"。可见,义务教育阶段的语文教师如果想使用好部编本语文教材,就要多读书、完善自己的"读书圈层",不断提升自己的语文素养。

(2)多渠道收集课内外的文学名著

部编本语文教材注重文化传承,教材中有许多文学名著篇目,希望借此培养学生的语文核心素养。鞠红(2019)认为教师可以采用多种渠道收集部编教材中及教材以外的优秀文学名著,并设立"文学作品区",对其进行汇总分类;可以号召学生将家里闲置的名著带到学校;可以呼吁学校投入一定的资金充实学校的文学作品;可以筹募资金购买一些有教育价值的文学典籍。通过这些方式,学生则可以有更多的机会去阅读文学名著,从而提升自己的文学素养。

(3)引导学生进行有效阅读、高效阅读

每个人的阅读方式和阅读习惯是不一样的。由于学生的经验有限,语文教师可以和学生分享自己的阅读经验,帮助学生更好地阅读文学名著。鞠红(2019)认为教师要引导学生进行有效阅读、高效阅读。语文教师要实现这一目的,首先要做到阅读难度要由易到难,初期教师可以让学生阅读一些易理解、有趣味的作品,后期再布置更难的阅读任务;其次,要逐渐增大学生的阅读量;最后,要引导学生利用零散时间来阅读名著。

(4)创设阅读体会分享平台

语文教师创设阅读分享平台,不仅可以督促学生阅读文学名著,还可以让学生分享自己的阅读体会,并同他人进行交流学习。鞠红(2019)谈到,盲目的阅读是无效的,教师可以在班里举行读书分享会,给学生创设分享自己阅读体会的机会和平台。同时,教师在训练学生的写作能力时，要精选作文主题，可以适当地往文学名著上引导，也可以以文学名著中的某些片段为例，引导学生写材料作文。

第四节 核心素养在我国高考语文教育与测评中的体现

4.1 高考评价体系与核心素养、学科核心素养

2014年，我国"一体四层四翼"的高考评价体系成功构建。"一体"即高考评价体系，是总体框架。"四层"包括必备知识、关键能力、学科素养、核心价值。"四翼"即基础性、综合性、应用性、创新性。"一体"是总体框架，"四层"与"四翼"是"一体"有机组成部分，共同构成了实现高考评价功能的理论体系。

因此，高考评价体系由"四层"也即必备知识、关键能力、学科素养、核心价值和"四翼"也即基础性、综合性、应用性、创新性构成，而上文在对核心素养的定义中"培养学生能够适应终身发展和社会发展的关键能力"这一"关键能力"也属于高考评价体系的组成部分。另外，2017年所提出的"语文学科核心素养"正属于高考评价体系中的"学科素养"的组成部分，共同致力于学生的终身发展和社会发展能力的培养与促进。

4.2 语文核心素养在高考语文中的体现

本文以2017—2019年高考语文全国卷和地方卷为实例，统计并分析了高考语文试卷中的四大类题型（语言文字运用、文言文阅读、现代文阅读和写作）在整体试卷中的分数分布情况，详见表1。

表1　2017—2019年高考语文全国卷和地方卷题型分布情况

题型 分数 试卷类型	语言文字运用			文言文阅读			现代文阅读			写作		
	2017	2018	2019	2017	2018	2019	2017	2018	2019	2017	2018	2019
全国卷	20	20	20	35	34	34	35	36	36	60	60	60
北京卷	24	23	22	41	44	46	25	23	22	60	60	60
天津卷	21	21	21	36	38	38	33	31	31	60	60	60
山东卷	27	使用全国Ⅰ卷	使用全国Ⅰ卷	36	使用全国Ⅰ卷	使用全国Ⅰ卷	27	使用全国Ⅰ卷	使用全国Ⅰ卷	60	使用全国Ⅰ卷	使用全国Ⅰ卷
江苏卷	15	15	12	37	37	39	38	38	39	70	70	70
浙江卷	20	20	20	40	40	40	30	30	30	60	60	60

根据表1，我们发现全国卷和地方卷（除江苏卷外）总分均为150分满分，江苏卷总分为160分满分。另外，2017年高考语文有山东卷，但2018年和2019年山东考生均使用全国Ⅰ卷。

在2017—2019年高考语文试卷中，北京卷、天津卷、山东卷和江苏卷试题顺序均为语言文字运用、文言文阅读、现代文阅读和写作。在高考语文浙江卷中，试题顺序与其他地区试卷略有不同，为语言文字运用、现代文阅读、文言文阅读和写作；在高考语文全国卷中，试题顺序为现代文阅读、文言文阅读、语言文字运用和写作。

关于高考语文试卷中的试题顺序历来争议较大，我们认为采用语言文字运用、文言文阅读、现代文阅读和写作的试题顺序较为合理。语言文字运用多为选择题，考察题型多为选择题，学生做起来相对轻松；后面是文言文阅读，文言文题目相对较难，需要学生认真思考；接着是现代文阅读，与文言文相比，现代文阅读对于学生来说更加易于理解和感知；最后是需要花费学生大量时间思考和构拟的写作题，把写作放在试卷末尾较为合理。因此，我们可以将试卷的难易度顺序理解成易—难—易—难，试卷难易程度并非一成不变，这更有利于学生的稳定发挥。

此外，我们还以语文核心素养的四个方面为依托，依次分析了"语言建构与运用""思维发展与提升""审美鉴赏与创造""文化传承与理解"在高考语文试卷题目中的体现。详见表2至表4。

表2 2017年高考语文全国卷和地方卷题型分析

试卷类型 \ 题型题数等	语言建构与应用 题目数量	语言建构与应用 题目数量占试卷比重	语言建构与应用 题目分值占试卷比重	思维发展与提升 题目数量	思维发展与提升 题目数量占试卷比重	思维发展与提升 题目分值占试卷比重	审美鉴赏与创造 题目数量	审美鉴赏与创造 题目数量占试卷比重	审美鉴赏与创造 题目分值占试卷比重	文化传承与理解 题目数量	文化传承与理解 题目数量占试卷比重	文化传承与理解 题目分值占试卷比重
全国Ⅰ卷	10	45%	26%	2	9%	42%	3	13%	13%	5	23%	20%
全国Ⅱ卷	13	59%	21%	2	5%	44%	1	4%	2%	7	31%	23%
全国Ⅲ卷	10	45%	17%	2	9%	47%	2	9%	6%	7	31%	23%
北京卷	12	46%	30%	1	3%	40%	1	3%	2%	10	38%	28%
江苏卷	12	60%	33%	1	5%	37%	1	5%	3%	6	30%	20%
浙江卷	12	50%	28%	1	4%	40%	1	4%	2%	9	38%	21%
天津卷	11	50%	23%	2	18%	42%	2	9%	5%	8	36%	22%
山东卷	15	65%	30%	1	4%	40%	1	4%	3%	7	30%	22%

根据表2，在2017年高考语文全国卷和地方卷中，体现语文核心素养"语言建构与应用"的题目数量最多；体现"审美鉴赏与创造"和"思维发展与提升"的题目数量较少；体现"思维发展与提升"的题目分值占试卷总分值比重最高；体现"审美鉴赏与创造"的题目分值占比较低。

表3　2018年高考语文全国卷和地方卷题型分析

题型 题数等 试卷类型	语言建构与应用			思维发展与提升			审美鉴赏与创造			文化传承与理解		
	题目数量	题目数量占试卷比重	题目分值占试卷比重	题目数量	题目数量占试卷比重	题目分值占试卷比重	题目数量	题目数量占试卷比重	题目分值占试卷比重	题目数量	题目数量占试卷比重	题目分值占试卷比重
全国Ⅰ卷	13	59%	35%	1	5%	40%	2	9%	4%	6	27%	21%
全国Ⅱ卷	13	59%	35%	1	5%	40%	2	9%	4%	6	27%	21%
全国Ⅲ卷	13	59%	35%	1	5%	40%	2	9%	4%	6	27%	21%
北京卷	12	50%	15%	1	4%	40%	2	8%	6%	8	33%	23%
江苏卷	10	50%	16%	1	5%	38%	2	10%	8%	6	30%	19%
浙江卷	11	46%	28%	2	8%	42%	3	13%	9%	8	33%	21%
天津卷	14	64%	21%	2	9%	44%	4	18%	9%	7	32%	22%

根据表3，在2018年高考语文全国卷和地方卷中，体现语文核心素养"语言建构与应用"的题目数量最多，体现"思维发展与提升"的题目数量较少，体现"思维发展与提升"的题目分值占试卷总分值比重最高，体现"审美鉴赏与创造"的题目分值占比较低。

表4　2019年高考语文全国卷和地方卷题型分析

题型 题数等 试卷类型	语言建构与应用			思维发展与提升			审美鉴赏与创造			文化传承与理解		
	题目数量	题目数量占试卷比重	题目分值占试卷比重	题目数量	题目数量占试卷比重	题目分值占试卷比重	题目数量	题目数量占试卷比重	题目分值占试卷比重	题目数量	题目数量占试卷比重	题目分值占试卷比重
全国Ⅰ卷	11	55%	31%	1	5%	40%	3	14%	8%	6	27%	21%
全国Ⅱ卷	11	50%	31%	1	5%	40%	1	5%	2%	7	32%	23%
全国Ⅲ卷	13	59%	35%	1	5%	40%	2	9%	4%	6	27%	21%
北京卷	9	39%	16%	5	22%	60%	1	4%	2%	9	39%	12%
江苏卷	12	57%	30%	1	5%	38%	1	5%	2%	7	33%	24%

续表

题型 题数等 试卷类型	语言建构与应用			思维发展与提升			审美鉴赏与创造			文化传承与理解		
	题目数量	题目数量占试卷比重	题目分值占试卷比重	题目数量	题目数量占试卷比重	题目分值占试卷比重	题目数量	题目数量占试卷比重	题目分值占试卷比重	题目数量	题目数量占试卷比重	题目分值占试卷比重
浙江卷	13	54%	33%	1	4%	40%	1	4%	2%	9	38%	25%
天津卷	10	45%	25%	1	5%	40%	2	9%	5%	8	36%	23%

根据表4，在2019年高考语文全国卷和地方卷中，体现语文核心素养"语言建构与应用"的题目数量最多，体现"思维发展与提升"和"审美鉴赏与创造"的题目数量较少，体现"思维发展与提升"的题目分值占试卷总分值比重最高，体现"审美鉴赏与创造"的题目分值占比较低。

综上，将表2、3、4进行对比，我们发现在2017—2019年的高考语文试卷中，体现"语言建构与应用"和"文化传承与理解"的题目数量较多，所占分值较高；而体现"思维发展与提升"和"审美鉴赏与创造"的题目数量较少，所占分值较低。在此也提示我们，需要重视中学生的思维能力与审美鉴赏能力，可以考虑适当加大对学生思维和审美的训练及考查。

基于以上统计，本文依次分析"语言建构与运用""思维发展与提升""审美鉴赏与创造""文化传承与理解"这四类语文核心素养在高考语文试卷中的体现，以及我们从中获得的对高考语文命题与教学的启示。

4.3 语言建构与运用

4.3.1 含义及地位

语言建构与运用是指学生在丰富的语言实践中，通过主动的积累、梳理和整合，逐步掌握祖国语言文字特点及其运用规律，形成个体言语经验，发展在具体语言情境中供正确有效地运用祖国语言文字进行交流沟通的能力。

4.3.2 "语言建构与运用"在高考试卷中的体现

通过分析2017—2019年高考语文全国卷和地方卷，我们发现语言建构与运用这一语文核心素养在高考语文试卷中主要体现在"语言文字运用"和"写作"两大题型上。

在2017—2019年高考语文全国卷和各地方卷中，"语言文字运用"这一题型在整套试卷中所占比例较为稳定。该题型多考察词语、成语的理解与运用、修改病句、语言连贯性等。值得注意的是，高考语文北京卷中的语言文字运用题与其他地区试卷较为不同，详见例1。

例1（2017年高考语文北京卷）

1. 下列对材料一的理解，不正确的一项是（3分）

　A. 以前因为精品不多，所以文物展览观者寥寥

　B. 要合理利用文物，发掘其内涵，发挥其作用

　C. 文物热反映大众对"精品文化"消费的需求

　D. 奥斯汀从失蜡法铸造的青铜器中得到了启发

4. 根据材料二，下列成语中最能准确表达VR技术带给人的体验的一项是（3分）

　A. 身不由己

　B. 感同身受

　C. 设身处地

　D. 身临其境

在高考语文北京卷中，一般会给出2～3则600～1000字左右的材料，根据材料出题，每则材料下一般出2～3道题目，题目以材料理

解、词语理解与运用、判断字音字义等为主。由于高考语文北京卷的语言文字运用部分学生需要阅读的文字量较大,所以学生必须加快阅读速度,掌握材料题的阅读、解答技巧。

2017—2019年高考语文全国卷和各地方卷中,"写作"这一题型在整部试卷中所占比例一直处于稳定状态。2017—2019年高考语文试卷中,北京卷中作文为两个固定题目,任选其一,全国卷和其他地方试卷中多为自拟题目。详见下例:

例2(2017年高考语文北京卷)

从下面两个题目中任选一题,按要求作答。不少于700字。将题目抄在答题卡上。

①纽带是能够起联系作用的人或事物。人心需要纽带凝聚。当今时代,经济全球化的发展、文化的交流、历史的传承、社会的安宁、校园的和谐等都需要纽带。

请以"说纽带"为题,写一篇议论文。

要求:观点明确,论据充分,论证合理。

②2049年,我们的共和国将迎来百年华诞。届时假如请你拍摄一幅或几幅照片来展现中华民族伟大复兴的辉煌成就,你将选择怎样的画面?

请展开想象,以"共和国,我为你拍照"为题,写一篇记叙文。

要求:想象合理,有叙述,有描写。可以写宏达的画面,也可以写小的场景,以小见大。

例3(2019年高考语文全国Ⅰ卷)

阅读下面的材料,根据要求写作。(60分)

"民生在勤,勤则不匮",劳动是财富的源泉,也是幸福的源泉。"夙兴夜寐,洒扫庭内",热爱劳动是中华民族的优秀传统,绵延至今。可是现实生活中,也有一些同学不理解劳动,不愿意劳动。有的说："我们学习这么忙，劳动太占时间了！"有的说："科技进步这么快，劳动的事，以后可以交给人工智能啊！"也有的说："劳动这么苦，这么累，干吗非得自己干？花点钱让别人去做好了！"此外，我们身边也还有着一些不尊重劳动的现象。

这引起了人们的深思。

请结合材料内容，面向本校（统称"复兴中学"）同学写一篇演讲稿，倡议大家"热爱劳动，从我做起"，体现你的认识与思考，并提出希望与建议。要求：自拟标题，自选角度，确定立意；不要套作，不得抄袭；不得泄露个人信息；不少于800字。

对比例2和例3，我们发现2017年北京卷为命题作文，题目是"说纽带"或"共和国，我为你拍照"，我们认为命题作文有利有弊。一方面，命题作文有利于帮助学生缩小写作范围、节约拟题的思考时间，同时也可降低阅卷老师的工作难度；另一方面，命题作文没有给学生创设较为自由的发挥空间，使学生局限于固定的题目中，不利于学生思维的发散和拓展。相比之下，我们更倾向于2019年全国Ⅰ卷的写作题目（例3），该写作题型在为学生创设情境的同时，给了学生足够的思考空间。

值得说明的是，在高考语文北京卷中，写作部分分为微写作（10分）和大作文写作（50分）。其中，微写作部分为三选一形式，三道题均以名著阅读内容为依据，写作字数要求均在100～200字之间。我们认为，高考语文北京卷的微写作部分具有创新性和突破性，且符合现代高效的社会生活。同时，微写作的题目都较为具体，因此可以很好地考查学生是否真正读了名著，是否真正理解了名著内容，这也有利于促进学生对我国传统文化的学习。

另外，以2017—2019年高考语文全国卷和地方卷为依据，我们对每份试卷中最后一道大题写作的命题形式和题目简要进行了梳理，见下表5。

表5 2017—2019年高考语文全国卷和地方卷写作情况分析

作文题目 试卷类型	2017年 命题形式	2017年 作文题目概要	2018年 命题形式	2018年 作文题目概要	2019年 命题形式	2019年 作文题目概要
全国Ⅰ卷	材料	利用中国关键词帮助外国人读懂中国	材料	中国的新时代	材料	围绕"热爱劳动，从我做起"的演讲稿
全国Ⅱ卷	材料	根据古诗文自拟题目	材料	对战机防护，抓本质	材料	以青年学生当事人的身份写作
全国Ⅲ卷	材料	我的高考	材料	根据深圳特区、雄安新区标语写作	漫画	毕业前最后一节课
北京卷	材料	任选题目：说纽带或共和国，我为你拍照	材料	任选题目：新时代新青年——谈在祖国发展中成长或绿水青山图	材料	任选题目：文明的韧性或2019的色彩
天津卷	材料	围绕"重读长辈这部书"，自拟题目	材料	围绕"器"，自拟题目	材料	爱国
山东卷	材料	24小时书店				
江苏卷	材料	车辆与时代变迁	材料	生活中的语言	材料	哲学味道
浙江卷	材料	人生三本书："有字之书""无字之书""心灵之书"	材料	浙江精神	材料	假如你是创造生活的"作家"，你将如何对待你的"读者"

通过分析，我们发现 2017—2019 年高考语文试卷写作部分的命题形式多以材料题为主，只有 2019 年全国Ⅲ卷的写作部分是以漫画作为命题形式。主题上，写作主题多以爱国、个人与社会责任、个人与社会价值观、传统文化和生活哲学为主。

4.3.3 对高考语文命题的启示与建议

语言建构与运用这一学科核心素养在高考语文试卷中主要体现为"语言文字运用"和"写作"两大题型。其中，语言文字运用这一题型所体现的语文学科专业性较强，考察题目较为稳定；写作这一题型所占总分比重较高，因此不论是高考命题还是考生答题都要尤为重视。就写作命题来看，我们认为命题形式可继续延续给出文字材料，引导考生思考、自拟题目、自由写作的形式。另外，高考语文北京卷将写作部分分为微写作和作文两大部分这一形式值得借鉴，微写作的出题形式不仅达到了检测语文学科核心素养的目的，而且还展现出了题目的创新性，这有利于考查考生的学科关键能力和综合素养。

4.3.4 对高中语文教学的启示及建议

就语言建构与运用这一学科核心素养来看，教师在教学过程中应当注重对学生语文学科专业性的培养，比如在教学过程中注重培养学生对字音字形的正确掌握；着重培养学生对词语、成语的理解与运用；在课内外重视学生的话语连贯性、口语交际能力；等等。另外，为培养学生的写作素质与能力，教师应当帮助学生积累写作素材，训练学生阅读和理解文本的能力，且学校应当不断改革教育评价方式，促进学生全面发展，帮助学生培养树立正确的人生观、世界观和价值观。

4.4 思维发展与提升

4.4.1 含义及地位

思维发展与提升是指学生在语文学习过程中，通过语言运用，获得直觉思维、形象思维、逻辑思维、辩证思维和创造思维的发展，以及深刻性、敏捷性、灵活性、批判性和独创性等思维品质的提升。

4.4.2 "思维发展与提升"在高考试卷中的体现

思维发展与提升这一语文学科核心素养注重对学生思维的培养和训练，这就要求考生能用基本的语言规律和逻辑规则，准确、清晰、生动、有逻辑性地表达自己的认识，且能运用恰当的思维审视言语作品，探究和发现语言现象和文学现象，形成自己对语言和文学的认识。而这一核心素养主要指向的就是考生的探究能力。

通过分析2017—2019年高考语文全国卷和地方卷，我们发现思维发展与提升这一学科核心素养主要体现在现代文阅读的一些探究性、逻辑性题目和写作之中。例如，在阅读中，思维发展与提升主要体现为学生精准筛选并整合文中信息、探究文本的深层含义等；在写作中，思维发展与提升主要体现为学生能够通过阅读所给文本材料抓住本质，得出新颖的见解。其典型题目详见例4。

例4（2017年高考语文全国Ⅰ卷）

21. 下面文段有三处推断存在问题，请参照①的方式。说明另外两处问题。（5分）

高考之后，我们将面临大学专业的选择问题，如果有机会，我们要选择工科方面的专业，因为只有学了工科才能激发强烈的好奇心，培养探索未知事物的兴趣，而有了浓厚的兴趣，必将取得好成绩，毕业后也就一定能很好地适应社会需要。

①不是只有学了工科才能激发好奇心。

②_____。

③_____。

例4中的②答案为"不是有浓厚的兴趣就一定能取得好成绩",③答案为"不是有了好成绩就一定能很好地适应社会需要"。本题所考查的是考生的思维逻辑能力以及对语言的逻辑理解能力。因此,这一题很好地体现了语文核心素养中的思维发展与提升。

例5(2019年高考语文浙江卷)

13. 如果给本文拟一个标题,你会选"磨房里外"还是"冯歪嘴子"?为什么?(6分)

例5浙江卷的这道题出自萧红的《呼兰河传》(节选),这道题属于开放型题目,没有完全固定且标准的答案,言之有理即可。考生在做此类题目时,可以充分调动自己的阅读理解能力和逻辑思维能力。我们认为这道题没有将学生局限在某一个特定的范围内,既有利于学生思维的发展,也很好地体现了语文核心素养中的思维发展与提升。

另外,高考语文写作题也很好地阐释了思维发展与提升这一学科素养。我们发现历年高考语文试卷中写作题多为材料作文,即让考生通过阅读、理解、归纳概括材料从而提炼作文主旨,拟定作文题目。我们认为,这样的材料作文有利于训练考生的逻辑思维、阅读理解能力和归纳概括能力等。

4.4.3 对高考语文命题的启示与建议

思维发展与提升这一核心素养主要体现在高考语文试卷中的现代文

阅读某些探究性题目和写作之中，同时也体现在少量语言文字运用题型中。通过分析和研究 2017—2019 年高考语文试卷，我们认为在对高考语文命题时，可以继续通过开放式的命题形式来体现思维发展与提升这一语文核心素养。对于考生而言，开放性的探究题目有利于发散思维。

在写作这一题型中，我们建议继续使用文字材料、漫画等命题形式进行命题，这样可以在考查学生文字功底的同时，也考查学生的阅读理解能力、归纳概括能力等。

4.4.4 对高中语文教学的启示及建议

就思维发展与提升这一语文核心素养来看，教育教学工作者应当注重培养学生的探究能力、逻辑思维能力。在教学过程中，教师不应一味地向学生灌输正确答案、正确答题模式，而应该引导和启发学生，帮助学生学会阅读文本、走进文本，培养学生的探究意识，从而提高学生的逻辑思维能力。

4.5 审美鉴赏与创造

4.5.1 含义及地位

审美鉴赏与创造是指学生在语文学习中，通过审美体验、评价等活动形成正确的审美意识、健康向上的审美情趣与鉴赏品位，并在此过程中逐步掌握表现美、创造美的方法。

4.5.2 "审美鉴赏与创造"在高考试卷中的体现

近年来，我国教育越来越重视培养学生正确、健康的审美意识和审美能力。对于语文学科教育教学而言，我国教育工作者力图通过生动的课堂教学让学生感知汉语言文字所蕴含的深层次的美学价值。

通过分析 2017—2019 年高考语文全国卷和地方卷，我们发现审美鉴赏与创造这一语文学科核心素养主要体现在古诗文鉴赏和现代文阅读赏析类题目中。例如，在现代文阅读中，审美鉴赏与创造这一语文核心素养主要体现在感知人物性格、作者情感、文章基调等题目中；在古诗文阅读中，审美鉴赏与创造主要体现在诗歌意象、意境以及古诗中字句的赏析题目中。详见以下各例。

例6（2018年高考语文浙江卷）

11. 文中画波浪线部分连用10个"一"，具有怎样的艺术效果？（5分）

13. 根据全文，分析作者"感到如此新奇和庆幸"的深层意蕴。（6分）

浙江卷的现代文阅读文本选用的是叶文玲的《汴京的星河》一文，第11小题是让学生感知、理解和分析文章中连用"一"部分的艺术效果，旨在考查学生对文章主题、写作方法的理解与赏析。第13小题旨在考查学生对文章重点词句的理解以及对作者思想感情的把握。我们认为2018年高考语文浙江卷中的第11和第13小题充分体现了审美鉴赏与创造这一语文核心素养。

例7（2017年高考语文天津卷）

a）第二联描绘了怎样的画面？（2分）

b）简析第三联所表现的诗人心境。（3分）

c）尾联运用了多种艺术手法，任选一种加以简析。（3分）

2017年高考语文天津卷的古诗文阅读选用的是王安石的《太湖恬亭》，第1小题让学生阐释古诗第二联所表现的画面，旨在考查学生的文言文理解能力、想象力和创造力以及表达能力；第2小题让学生分析古诗第三联所表达的诗人的情感，旨在考查学生对作者情感的感知能力；第3小题旨在考查学生对诗歌艺术手法的鉴赏。综上，2017年高考语文天津卷中的三道小题充分体现了审美鉴赏与创造这一语文核心素养。

例8（2017年高考语文北京卷）

17.同样是描绘山峡，《晓行巴峡》与下列诗句相比，在运用意象、抒发情感方面有何不同？请结合诗句，具体分析。（6分）

巴东三峡巫峡长，猿鸣三声泪沾裳。（郦道元《水经注》）

玉露凋伤枫树林，巫山巫峡气萧森。（杜甫《秋兴八首》）

与例7一样，2017年语文北京卷中的第17小题也考察了学生的审美鉴赏与创造能力，我们认为北京卷的题目更具有创新性和开放性。该题目采用对比阅读的形式，引导考生对三首古诗进行对比，分析其在意象、抒情等方面的不同，这有助于考查考生对文字的理解分析能力以及对中国传统文化的掌握能力。

4.5.3 对高考语文命题的启示与建议

审美鉴赏与创造这一核心素养主要体现在高考语文试卷中的现代文阅读赏析题和古诗文赏析题之中。通过分析和研究2017—2019年高考语文试卷，我们认为在对高考语文命题时，可以借鉴2017年高考语文北京卷的古诗文题目（详见例8），突破传统命题模式，提高题目的创新性、开放性，可将学科基础知识点与鉴赏类知识点相结合，从多维角度考查学生的综合能力。

4.5.4 对高中语文教学的启示及建议

在审美鉴赏与创造这一语文核心素养方面，教育教学工作者应当注重培养学生的审美意识、鉴赏能力和创造力。诗歌鉴赏是体现审美鉴赏与创造的重点，因此教师在诗歌教学过程中，应当进行启发式教学，引导学生学会感知中国古代文学作品的艺术色彩以及作者情感；同时，教师在进行古诗文教学时，可以结合学生以往所学知识，引导学生进行对比阅读，深刻感知中华文化的博大精深；最后，教师也应及时更新教学方法，将教学内容与时代相结合，贴近学生生活，鼓励学生有创造性地表达自己的想法。

总之，语文教学不仅要让学生体会汉语言文字的独特美，还要培养学生对美的欣赏与表达。

4.6 文化传承与理解

4.6.1 含义及地位

文化传承与理解是指学生在语文学习中，继承和弘扬中华优秀传统文化、革命文化、社会主义先进文化，理解与借鉴不同民族和地区的文化，拓展文化视野，增强文化自觉，提升中国特色社会主义文化自信，热爱祖国语言文字，热爱中华文化，防止文化上的民族虚无主义。

4.6.2 "文化传承与理解"在高考试卷中的体现

学习中国传统文化是我国教育教学工作的重点之一。正如本文表1所示，文言文阅读分数占高考语文试卷总分的比重一直较为稳定，除写作之外，文言文阅读分数占比最高，这也说明了我国教育对中国传统文化的重视。学习文言文、古诗文能够帮助学生了解中国传统文化、提升审美情趣和文化修养，从而培养学生的爱国精神。

通过分析2017—2019年高考语文全国卷和地方卷，我们发现文化传承与理解这一语文学科核心素养主要体现在文言文阅读中，在部分现代文阅读题目和写作中也有体现。具体来说，每一套试卷中都包含了对古诗文名句名篇默写、古代文学常识、文言文句子翻译等知识点的考查，这些题目都是文化传承与理解这一语文核心素养在试卷中的体现。

除此之外，部分现代文阅读和写作也体现了一定的文化传承与理解核心素养。例如，在2017年高考语文天津卷中，现代文阅读选用的是朱以撒的《挺拔之姿》，该文章赞美的是竹子坚韧、高洁的精神，而这背后所体现的"竹文化"正是中华民族品格和中华民族精神的象征；另外，该套试卷中的写作部分也渗透着对中华文化的传承和理解，写作要求围绕"重读长辈这部书"写一篇文章。重读长辈这部书就会"读到人生的事理，读到传统的积淀，读到时代的印记"，作文引导我们与长辈进行平等的心灵交流。从一定意义上讲，作文的立意倾向于对文化的理性传承和理解。

4.6.3 对高考语文命题的启示与建议

通过分析和研究2017—2019年各地区高考语文试卷，我们发现能够体现文化传承与理解这一核心素养的题目都是较为传统的题目，如名句名篇默写、文言文句子翻译等，因此我们认为在对高考语文文言文阅读进行命题时，可突破传统命题模式，提高题目的多样性和创新性。另外，我们认为如果能够将文化传承与理解和审美鉴赏与创造这两个学科核心素养甚至多个学科核心素养共同体现在同一试卷题目中进行考查，那么高考语文试题则会更加充实、丰富。

4.6.4 对高中语文教学的启示及建议

就文化传承与理解这一核心素养来看，我们认为高中语文教师应当在教育教学中注重培养学生的文言文阅读能力，培养学生传承优秀传统文化的意识，帮助学生提升人文修养和人生境界。

具体来说，一方面，高中语文教师在向学生传授文言文基础知识的同时应当引导学生了解和学习传统文化背景知识。高中语文课本所选用的都是十分优质的文言文作品，它们蕴含着丰富的文化内涵，凝聚着中华民族的民族精神和道德修养，对学生人生观、价值观、世界观的培养都发挥着重要作用。但是，教师不能像讲授现代文一样讲授文言文，因为文言文背后包含着众多古代文化知识。因此，教师在讲授文言文基础知识的同时应当引导学生学习文言文的文化背景知识，引导学生对所涉及的文学常识、文化背景知识进行有序的整理和理解。

另一方面，教师可推荐课外阅读书目，引导学生自主阅读，帮助学生拓展阅读视野，积累文化知识，提升学生对传统文化的兴趣，让学生真正地爱上传统文化，爱上文言文学习，自觉传承中华民族精神。

第五节 本章小结

核心素养的提出与我国教育改革发展息息相关，它不仅有助于推动我国语文学科建设，同时也有助于明确我国教育改革的方向，促进学生全面发展。本章通过梳理我国当前义务教育阶段语文教学的现状、语文教材的编写情况，以及对2017—2019年高考语文全国卷和地方卷的分析，综合指出：为发展学生的核心素养，部编本语文教材设计从思维能力的训练、语言文字运用能力的训练、自主学习能力的训练、优秀文化的继承和发扬、多角度与社会生活接轨等方面很好地体现了核心素养。在发展学生核心素养的时代背景下，我国义务教育阶段的语文教师正根据现阶段的部编本语文教材，转变自己的教学方法；同时，针对不同的教学内容，语文教师也在有意识地灵活运用教学方法，不断变通。在以2017—2019年高考语文全国卷和地方卷为研究依据的基础上，本章试图全面分析"语言建构与运用""思维发展与提升""审美鉴赏与创造""文化传承与理解"这四大语文核心素养在高考语文测评中的体现。研究认为：在"语言建构与应用"方面，可借鉴高考语文北京卷的微写作形式进行命题，提高题目创新性、开放性；在教学上，教师应注重对学生语文学科基础性、专业性的培养。在"思维发展与提升"方面，为提高学生思维逻辑能力，可继续并加强采用开放性题目形式进行命题；在教学上，教师在教学过程中应注意引导学生发现问题、提出问题，并培养学生的探究能力。在"审美鉴赏与创造"方面，可突破传统命题模式，将学科基础知识与鉴赏类知识相结合进行命题；在教学上，教师应引导学生了解中国传统文化，感知中国古代文学作品的艺术色彩，逐步激发学生的审美能力。在"文化理解与传承"方面，可增加题目的多样性，可将文化传承与理解和审美鉴赏与创造这两个学科核心素养甚至多个学科核心素养共同体现在试卷同一题目中；在教学上，教师应引导学生了解和学习传统文化知识，引导学生自主阅读课外著作，提升学生对传统文化的兴趣。

综上所述，在高中语文教育教学中，教师在教授传统语文课程的同时，应当着力培养学生的思维能力、审美鉴赏能力以及探究能力。在高考语文命题中，高考试题应与时代相结合，突破传统出题模式，提升高考命题的开放性、创新性。另外，在考查学生基本文化知识的基础上，应加大对学生思维能力和审美鉴赏能力的考查。

第二章

阅读能力研究与国际教育测评对阅读核心素养培养的启示

第一节　引言

　　阅读能力是语言能力的重要组成部分。语言测试在对听、说、读、写四项技能的考查中，阅读能力一直被视为测评的重中之重。阅读能力是学习者获取信息的必备能力，更是其表达能力产出的重要基础。于个体而言，阅读素养不仅是用来了解外部世界的重要渠道，也是其成长过程及未来发展中必不可少的一种能力。随着网络、手机的普及，碎片化阅读现象显著增加，加之长期以来对外语学习的过分重视，目前我国国民的语文阅读能力培养有待进一步加强。本章尝试从理论和具体阅读实践两个角度对阅读能力进行综述，希望在有助于认清阅读能力本质的同时，对阅读能力未来的发展研究起到积极的辅助作用。

　　正因为认识到阅读能力的重要性和必要性，阅读素养一直以来都是国际教育测评的重要组成部分。张所帅（2017）提出："素养"最早是由经济合作与发展组织提出的，是指获取知识和技能的一种能力。1991年，国际教育成就评估协会（IEA）在其研究中首次将"阅读"（Reading）与"素养"（Literacy）结合在一起，并将阅读能力扩展为"反思能力和以阅读为工具实现个人和社会目的的能力"。阅读素养的高低，不仅直接影响我们获取信息的能力，还会对我们生活中的沟通交流和表达产生间接影响。现如今，阅读素养的高低已渐趋成为衡量一个国家软实力的重要因素。本章综合国际三大能力监测项目（PISA、PIRLS、NAEP）[1]进行比较分析，力图通过借鉴国际先进经验为提高我国国民整体阅读素养提供参考信息。

---

[1] PISA（Program for International Student Assessment），国际学生评价项目。PIRLS（Progress in International Reading Literacy Study），国际阅读素养进展研究。NAEP（National Assessment of Educational Progress），美国国家教育进展评价。

第二节 阅读能力的界定

2.1 阅读的概念

语言学界关于阅读能力是什么的认识同他们对语言能力是什么的认识一样，众说纷纭，莫衷一是。对阅读能力具体含义的认识，应该从什么是阅读谈起。

阅读是人类社会的一种重要活动，正是通过阅读，人类开始了解世界，建立自己对于事物的认知，形成了自己的观念体系。对于"什么是阅读"这一问题，不少权威机构及大众网站都给出了自己的定义。

《中国大百科全书·教育卷》："阅读是从写的或印的语言符号中取得意义的心理过程，是一种基本的智力技能，它是由一系列的过程和行为构成的总和。"

百度百科：阅读是运用语言文字来获取信息、认识世界、发展思维，并获得审美体验的活动。它是从视觉材料中获取信息的过程。视觉材料主要是文字和图片，也包括符号、公式、图表等。阅读是一种主动的过程，是由阅读者根据不同的目的加以调节控制的，陶冶人们的情操，提升自我修养。阅读是一种理解、领悟、吸收、鉴赏、评价和探究文章的思维过程。

《高考语文新课程标准》明确指出："阅读是搜集处理信息、认识世界、发展思维、获得审美终极体验的重要途径。"

通过梳理上述几个关于阅读的认识，我们发现了阅读的一些特性。比如，阅读的目的是获取意义和审美体验，是一种心理和思维过程，属于一种智力技能。最重要的一点是，阅读是人的一种主动行为，它是积极的、活跃的，是人主动地将自己大脑中储存的知识与阅读材料相结合,然后,在阅读情景中通过创造性的思考来获得意义和审美体验的过程。

简单来说,阅读是一种读者主动获取意义的心理过程。由于读者个体大脑中所储存知识的差异以及个人经验的不同,即使面对同样的阅读材料,他们也会理解成完全不同的意义,从而造成人与人之间阅读能力的差异。

2.2 语言学界对阅读能力的认识

语言学界一直都非常关注阅读能力的具体内涵,国内外语言学家们都付出了巨大的努力,尝试从不同的角度对阅读能力涉及的具体方面进行探讨,也得出了许多有意义的结论,为我们回答"什么是阅读能力"这一问题,提供了借鉴和参考。

概括现有关于阅读能力的理论,学界主要有两种完全相反的观点:一种观点认为阅读能力是一种不可分的综合能力;另一种观点则认为阅读能力是由大小不同、层次不一的能力组合而成,这些能力不仅可以教与学,还可以被一一测试。

以 Lunzer(1979)和 Rost(1993)为代表的测试专家认为,阅读能力是一种单一的、综合的、不可分割的能力。

与之相对的是,在当前大多数的测验中,基于现实的迫切性、操作的便利性和实践的可行性,阅读专家、语言教师及测试开发者都坚持"阅读能力是一个由众多不同类型、不同层次的能力或次能力组合而成的概念"的观点,认为测试阅读能力实际上就是在测试和教授这些众多的能力或次能力。正因为阅读能力可分的观点具有较强的可操作性,所以在当前的语言学界较为流行。

陈纯纯(2012)提到当前语文教育界认为阅读能力可以分解为解码和理解两大分技能,而理解分技能又可以分解为若干更小的技能。阅读能力是各种阅读分技能的相加。

潘登（2015）同样指出，学界普遍倾向于采用分解阅读能力因素的方式来解释阅读能力，且阅读能力的构成因素从低级到高级层层递进。他还指出在各异的阅读能力构成因素中，认、读、识记、理解、分析、评价及创造力是共同涉及的基本要素。

既然语言学界的大多数学者都支持"阅读能力是一个由众多不同类型、不同层次的小能力或次能力组合而成的概念"的观点，那么阅读能力各个组成部分的具体内涵到底是什么呢？

我国对阅读能力的研究起步较晚，而且角度各异，学者们尝试从不同的侧面去分析阅读能力的结构。一方面，这在很大程度上推进了阅读能力结构研究的进程；另一方面，也导致了阅读能力结构划分五花八门，结构迥异，在一定程度上不利于一致的阅读能力结构认识的形成。

在语文阅读能力结构的研究方面，莫雷（1992）运用"活动—因素分析法"分别分析了小学六年级、初中三年级、高中三年级三个阶段学生的语文阅读能力结构。三个年级具体的语文阅读能力结构如表1所示。

表1 中国学生语文阅读能力结构

小学六年级学生语文阅读能力结构（6种次能力）	语言解码能力、组织连贯能力、模式辨别能力、筛选贮存能力、语感能力、阅读迁移能力
初中三年级学生语文阅读能力结构（8种次能力）	语言解码能力、组织连贯能力、模式辨别能力、筛选贮存能力、语感能力、阅读迁移能力、概括能力、评价能力
高中三年级学生语文阅读能力结构（10种次能力）	语言解码能力、组织连贯能力、模式辨别能力、筛选贮存能力、语感能力、阅读迁移能力、概括能力、评价能力、语义情境推断能力、词义理解能力

从表1整理的内容可以看出，阅读能力是由众多不同类型、不同层次的小能力和次能力组成，而且低水平和高水平的阅读能力之间是包含的关系，最高水平的阅读能力结构包括之前所有较低水平的阅读能力构

成部分。小学阶段的语文阅读能力主要集中在对文章的阅读和理解，初中学生的阅读能力就增加了对文章的概括、评价能力，到高中毕业时，学生的阅读能力除了对文章的理解、概括、评价之外，又增加了对文章意义的推断能力，更多地涉及思维逻辑方面。需要注意的是，语文阅读能力结构随年龄的增长而增长，具体表现为因素的数量不断增加，较复杂、层次较高的因素在阅读能力中所起的作用越来越大，地位越来越高（莫雷，1992）。

阅读能力结构的构成因素研究还有一些新颖的分析角度，如刘福增（1987）重点关注阅读活动中大脑所需发挥作用的功能区，将阅读能力分为感知能力、识记能力、理解能力和评价能力。武永明（1990）将阅读能力分解和阅读递进过程统一起来，从阅读过程的角度，将阅读能力分为认读能力、理解能力、评价能力、创造能力。夏正江（2001）从总体上把阅读能力分为本体性阅读能力和相关性阅读能力两部分。前者具体包括知识性阅读能力（字词、语法、修辞、文学知识）、理解性阅读能力（转换、分析、概括、分类能力）、探索性阅读能力（审美、评价、创新能力）；后者包括自动化阅读能力、朗读与默读能力、浏览检索能力、查阅工具书能力、摘录制作卡片的能力、写内容提要的能力和读书笔记的能力，这些都是对阅读能力产生影响的额外因素，不与个体的阅读水平直接相关。宋丽杰（2015）对阅读能力因素构成的观点同夏正江相似，把阅读能力分为阅读的侧重面以及与阅读的相关性能力。

国外对阅读能力的研究起步较早，无论是在理论方面，还是在基于理论的阅读能力测评方面都比较成熟。

Weir（1993）把阅读能力归为 A、B、C 三个层次，C 层次的某些语言技能是能使 A、B 两个高层次阅读过程顺利工作的基础。A 层次指的是学习者快速阅读的能力，具体包括快速确定与题目相关的文章内容，对文章内容进行概括、定位并明确所需的某一特定文章信息。B 层次指的是对文章的细节之处和内容要义的理解，具体指把握文章的关键细节和要义、理顺文章的脉络、明确作者的态度、理解文章内容背后的深意。C层次指的是进行阅读理解的基础语言技能，包括词汇、句法等基本知识。

Grabe和Stoller（2005）认为阅读能力有高和低两个层次。其中，低层次的阅读能力包括"获取词汇的能力""识别句法能力""理解字面语义能力"以及"工作记忆激活能力"；而高层次的阅读能力包括"篇章理解能力""语境解释（预测）能力""背景知识运用和推断能力"以及"执行控制能力"。

林倩（2013）介绍了美国的CBAL阅读能力模型，该模型是在美国的一项基于认知的评价革新运动中研制出来的，它从三个维度来描述阅读能力：必备的技能、阅读策略、文学常识。

Deng和Sun（2019）认为阅读能力包括词汇识别能力、整合上下文和背景知识的能力、掌握章节结构和构建意义的能力、使用知识结构的能力、个人经验和想象力以及评估能力和阅读速度的能力。

通过上述文献的分析，我们发现，虽然阅读能力的具体分解结构各不相同，但是学者们都认同阅读能力结构是一个分层递进的等级体系，国内外学者在这一点的认识上也是相同的。值得关注的是，Weir认为阅读能力的最高等级是快速阅读能力，强调阅读能力中的阅读速度；Deng和Sun在其最新的研究中也同样提到了阅读能力包括快速阅读的能力。由此可见，未来对阅读能力的研究要将阅读速度的因素考虑在内，有文章更是提及"培养学生的速读能力是阅读能力形成的关键"（陈良启，2002）。

综上所述，我们认为阅读能力是一种人主动获取意义的阅读过程，是一个由众多不同类型、不同层次的小能力或次能力组合而成的分层递进等级结构。它具体包括：理解文章的基础知识和背景知识、使得文章顺利进行的阅读策略、欣赏和品鉴文章的批判审美能力以及能够快速阅读的能力。

第三节 阅读能力测评现状

3.1 国内阅读素养测评现状

目前，国内学界正在研发针对不同学段学生的汉语阅读素养测评体系，以《上海市中小学生汉语阅读能力分级标准（暂定稿）》（2016）为例，该《标准》采取"分级整体描述标准＋核心要素分项分级描述标准"的方式建构了阅读能力分级标准，将阅读能力分为"阅读态度和行为""阅读认知过程和策略""文本类型和难度"三个参数。"阅读态度"分为阅读兴趣（5级）和阅读动机（5级）；"阅读行为"分为阅读方式（5级）和阅读交流（5级）。"阅读认知过程"分为识别（3级）、理解（5级）和评价（5级）；"阅读策略"指认知策略（5级）。"文本类型和难度"分为量化评估和质性评估，具体维度和层级暂无。详见表2。

表2 上海市中小学生汉语阅读能力分级标准

参数	类别	维度	层级	指标描述
阅读态度和行为	阅读态度	阅读兴趣 阅读动机	5 5	略
	阅读行为	阅读方式 阅读交流	5 5	略
阅读认知过程和策略	阅读认知过程	识别 理解 评价	3 5 5	略
	阅读策略	认知策略	5	略
文本类型和难度	量化评估	暂无	暂无	暂无
	质性评估	暂无	暂无	暂无

3.2 国际三大教育测评阅读素养测评研究

3.2.1 PISA、PIRLS、NAEP 对"阅读素养"的界定

3.2.1.1 PISA 阅读素养

罗德红、龚婧（2016）将 PISA2000 的阅读素养定义为：为了实现个人发展目标，增长知识、发挥潜能并参与社会活动而对书面文本的理解、运用和反思。在此基础上，PISA2009 和 PISA2012 的阅读素养概念中增加了"投入"一词，PISA2015 的阅读框架继续沿用该概念，即"阅读素养"是对书写文本的理解、运用和反思，对阅读活动的情感和行为投入，其目的在于实现个人目标、发展知识和潜能、参与社会活动；2018 年 PISA 仍继续沿用该概念，执此看法的还有朱伟、于凤姣（2012）。对此，胡玥（2019）持不同见解，她认为 PISA2009 在之前定义的基础上增加了"参与"能力，强调读者的主体性；PISA2012 和 PISA2015 沿用了之前的概念，PISA2018 则增加了"评价"作为阅读素养的一个组成部分，并删除了"书面"这一文本限定词，更加突出批判性思维能力的重要性，使得阅读文本不再局限于纸质文本。

综合前人要点，目前 PISA 的阅读素养重点不在于阅读本身，而是为了评估学生能否运用所学知识和技能完成他们在今后生活中需要完成的任务以及在社会中持续学习的情况，因而它特别关注学生的阅读素养是否能满足以后工作生活的需要。与同为面向国际 4 年级学生的 PIRLS 相比，PISA 更加注重对信息的访问和检索、对文章的反思和评价；与 NAEP 测试年龄相近的 8 年级和 12 年级的学生相比，PISA 更重视学生对信息的访问和检索，但对文章评价的重视度却不及 NAEP。

3.2.1.2 PIRLS 阅读素养

肖林（2017）认为 PIRLS 主要关注学生阅读素养的获得，认为学

生"学习如何去阅读"及"通过阅读去学习"这两个阶段同等重要。PIRLS最初采用IEA1991年制定的阅读素养概念，2006年进行了阅读目的的扩展，并将阅读素养定义为："学生理解并运用书写语言的能力"，但这些书写语言的形式受到社会因素的规范。PIRLS2016仅将2011年原定义中的"少儿读者"修改为"读者"。总体来说，PIRLS阅读素养概念重在强调理解过程和阅读目的，并在理解过程中注重提升四种能力。在阅读素养的评价方面，PIRLS更多地指向学校，强调"年轻的读者"在学校内外具体情境中的阅读；PIRLS比PISA和NAEP更加强调学生对于信息的理解，也更突出强调直接推论的重要性，而这一能力正是帮助学生建构知识的"桥梁"，是学生基于对文本内容的理解从而达到对文本解读和整合的基础。

3.2.1.3 NAEP阅读素养

NAEP阅读评价于1992年正式启动，胡玥（2019）将NAEP对阅读素养概念的认识分为两个阶段。NAEP2007将阅读素养定义为：理解和运用书面文本愉悦身心，进行学习，参与社会活动和实现目标。经2009年修订后的概念将阅读看作是极其复杂的过程，包括理解书面文本、发展和阐释意义，应用意义满足特定目的和语境的需求。但阅读对个体发展的工具价值是NAEP一直突出强调的。NAEP的阅读素养概念特别突出"意义"一词，并指出"词汇"是提高学生阅读素养的关键方法。关于开展NAEP测评的主要目的，杨清（2012）指出是为了了解不同年级学生阅读素养的现状以及阅读学业成就的变化，以此来配备学生所需的知识和技能。在阅读能力的划分方面，慕君（2018）指出NAEP借鉴了PIRLS与PISA的成果，主要以PISA的三个维度为依据对阅读能力进行了划分。

3.2.1.4 小结

从PISA、PIRLS和NEAP的发展历史来看，它们对核心概念的界定并非固定不变。杨清（2012）提出：三大国际阅读项目都认为阅读是一种读者在与文本的互动过程中构建意义的活动。它们都将阅读作为实现个体目标的工具，如学习、参与社会、愉悦身心；均强调个体与文本（环境）的互动能力和建构意义的能力，根据文本（环境）的变换调整自己的认识和行为，用文本中获取的知识来解决现实生活中的问题。但结合具体的评价目的和评价对象，正如罗德红、龚婧（2016）所指出的：三大测评项目对阅读素养的核心概念进行界定时各有侧重。其中，PISA 突出的是评价和电子文本的阅读，PIRLS 强调阅读的乐趣及阅读素养在学校和日常生活中的重要性，NAEP 则凸显了阅读的过程、目标和乐趣。

3.2.2　PISA、PIRLS 和 NAEP 对阅读素养测评对象的选择

综合唐青才、王正青（2012）和杨清（2012）等人的观点可得出，PISA、PIRLS 和 NAEP 都是基于抽样的测试而非面向全体学生的参与。NAEP 的测评对象为 4、8、12 年级学生。PIRLS 的评估对象则是按照教育分类的国际标准（ISCED），从 ISCED 水平 1 的第一年算起，正式接受学校教育第四年的学生，这一目标年级在大多数的国家（地区）对应的是 4 年级，学生的平均年龄不低于 9.5 岁。鉴于诸多国家的学生在 4 年级时仍处在发展基本阅读素养阶段，自 2011 年开始，IEA 扩展了 PIRLS，将评估年级预定到 4 年级以下，并且开发了一套难度相对较低的阅读评估，将其命名为 pre PIRLS。与 NAEP、PIRLS 按年级抽样不同，PISA 按年龄进行抽样。参加 PISA 测试的学生在测评期间的年龄必须在 15 岁 3 个月至 16 岁 2 个月之间，与学生所在的年级无关。除此之外，NAEP 和 PISA 在强调面向所有符合要求学生抽样的同时，也规定了相应的抽样排除率。PISA 要求抽样的学校和学生的排除率不超过 5%，NAEP 的抽样排除率为 4%。与 PISA 不同的是，NAEP 在试题呈

现形式、考场布置、时间限制、语言支持等方面对身体患有残疾的学生或母语为非英语的学生均提供了特别的帮助。

3.2.3 国际三大能力监测的阅读测评工具

3.2.3.1 PISA、PIRLS 和 NAEP 阅读试题题型的设置

杨清（2012）和唐青才、王正青（2012）均指出 PISA、PIRLS 和 NAEP 都包括标准化的选择题和建构性试题两类。无论是 PIRLS、PISA 还是 NEAP，均采用一项正确、三项错误的单项选择题设计。不同的是，PISA 还设置了多选题，一般有四到五个选项，需要学生做出复杂的选择或对信息的正确与否进行判断。PISA、PIRLS 和 NAEP 的建构性试题都要求学生构建书面反应、补充相应的内容，具体设置上有所不同。NAEP 的建构性试题包括简答和论述题两类，考生必须从文本中获取信息来回答结构化的试题。其评分规则集中在回答的内容上，而不过分关注拼写及语法的规范。PISA 的建构性试题有开放性试题、简答题和封闭性试题三类。PIRLS 则非常重视评分的指导，这不仅给评分者提供了清晰的给分标准，还保证了开放题评分的信度。

3.2.3.2 测评工具的比较

测评工具的比较主要是围绕阅读素养的测试工具——试卷展开的。试卷是在阅读素养评估框架的引领下，主要以阅读内容为载体，以考察学生的阅读能力为目标编制而成的。因此，该维度的比较将从阅读能力和阅读内容两个方面来展开。

（1）阅读能力的界定

国际三大能力监测基于对阅读素养的不同理解，从不同的阅读目的出发，在构建阅读素养测试时就形成了不同的评价框架。PISA、PIRLS 和 NAEP 都十分重视学生对文本的理解、整合和评价，PIRLS 还特别突出强调直接推论的能力。此外，NAEP 还为年级不同的学生制定了不同

的方案，具体比较如表3所示。

表3　PISA、PIRLS和NAEP阅读能力分布表

PISA	访问和检索信息 25%	整合和解释文章 50%	反思和评价文章 25%	
PIRLS	关注并提取信息 20%	直接推论 30%	解释并整合观点和信息 30%	判断与评价内容、语言和文本 20%
NAEP	年级	寻找与回忆	整合与阐释	批判与评价
	四	30%	50%	20%
	八	20%	50%	30%
	十二	20%	45%	35%

由表3可得出，三大国际监测项目的阅读能力大致上可分为三个方面，即：对文本信息的理解→对文本形成全面理解→对文本进行评价与反思（杨清，2012）；这三者把重点都较多地放在了对文章的整合和解释上面，几乎占据一半的比例（NAEP十二年级除外）。虽然三大国际监测项目在具体划分阶段和内容上存在一定差异，但是不难发现它们都是以学生的年龄特点为基础，并依据学生阅读理解思维过程的特征为其制定的较为科学合理的考核方案，如NAEP根据学生年龄的不同，对能体现学生最高层次阅读能力（批判与评价）方面的考查越来越重视。这是因为对于低年级的阅读者，更加强调直觉和记忆能力，因此对信息的提取和直接推论就显得十分重要；而年龄较大的学生，经过了多年的学习积累，其思维能力已经得到了快速提升，因而对更高层次的学习策略要求更高。三大国际监测都十分重视学生对文章信息的提取及文本观点的整合，并形成对整个文本的深入理解以此来提升学生的阅读能力；同时，还十分重视学生的判断和批判精神，能够针对文本形成自己的评价，注重学生思维能力和创新意识的培养。

（2）测试的阅读内容

根据阅读情境的不同，杨清（2012）指出与此相对应的阅读文本类型以及读者所采用的阅读认知方式也就不同。三大国际监测都把青少年在校内外生活中的真实阅读活动作为评价中阅读情境设计的基础，但由于具体评价对象的不同，不同监测项目在对阅读情境的具体划分上也存在细微的差别。此外，根据阅读目的的不同，三大国际监测所选取的阅读内容在试卷中所占比例也不相同。具体如表4所示。

表4　PISA、PIRLS和NAEP阅读内容的划分

PISA	连续文本60%	非连续文本30%	混合文本5%	多文本5%
PIRLS	文学类文本50%		信息类文本50%	
NAEP	年级	文学类文本	信息类文本	
	四	50%	50%	
	八	45%	55%	
	十二	30%	70%	

（注：上表的数据是指规定的各种文本在阅读素养测试中所占的百分比）

从阅读内容来看，PISA选取的是与真实生活息息相关的阅读材料且取材广泛。据此，左岚（2015）把它分为四种类型：从文本形式上，可分为连续文本、非连续文本、混合文本和多文本；从文本类型上，可分为描述、叙述、说明、议论、指示和交流；从文本空间上，主要包括静态文本和动态文本两种。杨清（2012）提出，虽然PISA对文本类型的划分较为细致，但从文本内容上仍可被归为信息和文学两大类文本。

胡玥（2019）认为PIRLS的阅读内容主要分为文学类文本（叙述性小说、故事和传说）和信息类文本（如广告、说明书、网页等）；此外，它还根据文本的呈现方式，将阅读内容分为纸质文本和电子文本，这一点，PISA与PIRLS保持了一致，率先引入了电子阅读的评估元素，使评估内容延伸到了电子阅读领域。值得注意的是，目前PISA、PIRLS和NAEP都已经将电子文本作为阅读内容的重要组成部分，电子

文本的阅读能力也将是信息时代的必备技能。

根据唐青才、王正青（2012）的观点，NAEP 阅读评价注重选择生活化实用性文本，包括文学类和信息类两种阅读文本，文学类主要包括小说、故事、诗歌、戏剧、传说、传记、神话和民间故事等；信息类主要包括杂志、报纸上的文章、演说材料等。慕君（2018）指出，NAEP 阅读内容方面的文学文本和信息文本的确定主要来源于 PIRLS2001，并在 PIRLS 的基础上进行了细化，这样就改变了以前在测评内容方面表述不清的状况。NAEP 在信息文本测评要点及非连续性文本的确定上，同样与 PISA 紧密接轨。总之，三大国际监测在测试阅读内容的设置上大体趋向一致，且互有借鉴。

第四节　国际教育测评对我国义务教育阶段阅读素养培养的启示

基于上述对国际三大教育监测的比较分析得出，在国际上产生重大影响的阅读测评项目在阅读质量标准上都有系统性的建构：先是明确阅读素养的定义，再对阅读能力进行界定，然后对阅读情境、阅读文本的类型进行分类以及对阅读能力进行分层，依据这些基础完成对整套试题的命制、监测及结果反馈。其经验可为我国义务教育阶段阅读素养质量的提高提供以下几点借鉴。

4.1　阅读教材的制定

张所帅（2018）曾指出：三大阅读评价项目所涉及的文本类型丰富多样，既包括传统的纸质媒介文本又包括现代的电子媒介文本。这其中不仅包括了连续性文本、非连续文本、混合文本和多文本，还包括文学类文本和信息类文本，体现了社会发展的需求。既想让学生的阅读素养得到实质性的提高，又要全方位提升学生应对未来生活的能力，学校教育中教科书的编写工作至关重要。

教科书不仅是教师上课的凭借，更是学生学习的重要工具，其编写的内容直接影响着学生各方面综合能力的提升。对此，我们必须明确教科书制定的目标、适用对象以及所对应的阅读素养能力。国际三大监测都把信息类文本作为阅读内容的重要组成部分，在 PIRLS 和 NAEP 中，信息类文本和文学类文本各占一半。由此可见，国际上的阅读素养监测都非常重视与学生实际生活相贴近的知识与能力。长期以来，我国教科书的选文主要以人文价值为取向，重视文学作品的阅读而忽视对实用文本的教学，其中存在的问题颇多。据林其雨（2019）的观点，虽然非连续性文本的概念早在 2011 版课程标准中被引入，但什么是非连续性文本？如何对非连续性文本进行教学？它具体的教学目标与内容是什么？对此，课程标准并未做出明确的界定，也并未提出具体、可操作的教学要求，这也将是我们在制定相关政策时应该着重解决的一个重要问题。

针对上述情况，我国编制教材时可以考虑在文本类型上增加信息类文本的比重，适当减少文学类文本，从而促使文本类型的均衡化。对此，我国教育部已经采取了一些行动，如对教材的重新编写、高考考试形式的变革等。而部编本语文教材在历经长达 4 年多的 14 轮评审后，终于在 2016 年 6 月底通过并投入使用，这无疑是我国教育改革中的关键一步。除了结合国际先进经验，添加相应的信息类文本之外，还结合了本国的实际，将相当数量的革命传统教育题材也纳入其中。毋庸置疑，这一变革对当代学生的阅读速度、反应能力以及阅读面的考查提出了更高要求。

4.2 阅读教学的改进

靳一鸣（2014）提出：国际三大监测给阅读能力划分的层级和指标

是命题时的重要依据，一道题只对应一个能力层级，命题目标清晰，形式丰富多样，考查的重点是学生的综合阅读能力。目前，虽然我国对中小学的语文阅读目标进行了相关规定，但并没有针对语文阅读命题依据进行的专项研究，从而导致试题的命制没有统一的标准。尽管我国阅读命题的形式日渐丰富，但大多只注重了形式的改进而考察内容并无太大变化，实际上，其考察的仍是层级较低的阅读能力，而并没有凸显出阅读考察能力的综合性。此外，阅读命题也没有遵守学生的阅读认知规律做出改进。这些问题出现的很大原因就在于——没有对阅读能力的层级进行分级。因此，制订完善的评价阅读能力层级与指标显得十分重要。首先，它与教科书具体内容的编排及所占比例的多少直接相关；其次，它在整个教学的过程中指引着老师教什么、怎样教；最后，它还直接影响试题的命制，是我们评价学生阅读能力时的重要凭借。与此同时，它能让我们了解到位于某个阶段的学生应该具备什么样的能力，能让老师和学生对自身能力有一个客观评定的标准以便找出不足之处，及时采取相应的解决方案。

4.3 阅读素养测评体系的建立

4.3.1 建立统一的测试标准

肖林（2017）认为：三大测评的测试均由两个部分组成，除了对学生阅读能力的考查外，还设计了问卷调查，以此来考查在学生学习过程中的外界影响因素以及影响学生成绩的非认知因素等。其中，PIRLS 考查的背景信息体系最为复杂，包含了 5 套问卷，分别由地区教育管理部门、家长、校长、教师、各参与国研究协调员和学生作答；PISA 包含两套问卷，分别由被测学生和所在学校的校长作答，并把阅读素养的结果回归到几个影响因素上，一般来说，可以分为学校、家庭、个人和社会等，正是这几类影响因素共同决定了学生在阅读成绩上的整体表现。NAEP 的评估也包括两个部分，首先是学科的测试，然后是背景信息的收集，其中涉及学生的个人信息（如性别、年龄、民族等）、家庭经济情况、父母受教育水平等，同时还对相应的教师、学生和学校发放背景问卷，由此了解影响阅读教学的相关因素。除此之外，三大测评系统均非常关注新技术环境对阅读素养产生的影响，并根据信息环境的变化不断丰富和完善测评体系。由此可见，影响学生阅读能力的因素是多方面的。

标准是具体措施和方案实施的指导，只有建立了测试的标准，各个地方、学校、教师才能知道全国的水平和要求是什么，这样才能让大家树立较为清楚的认知。在我国，由于经济发展不平衡带来的教育发展不平衡现象较为普遍，面对我国国内阅读水平参差不齐的实际情况，我们可以借鉴 PIRLS 的做法。PIRLS 根据每个国家自身教育发展的状况和学生实际的阅读水平，为阅读水平相对较低的国家（地区）提供了一个系统测量学生阅读成就的平台，即 pre PIRLS。面对国内复杂的教育情况，建立统一的测试标准势在必行，而具体测试的内容则可针对不同地区教育水平的高低做出适当调整。

4.3.2 注重命题团队的建设和培养

国际三大能力监测在试题的命制上均汇集了各参与国的专业人员和技术力量，无论是测试的设计和实施，还是试题和问卷的编写都由各参与国相关著名专家或专业机构共同完成。鲍道宏（2016）提出：测试题目质量的好坏决定了考试预设目标能否实现。针对不同水平的命题人，应该给予不同的培训和分配不同的工作。历经多年的实践与总结，我国的教育考试命题已日渐完善，但严格来说依然处于经验式命题阶段。试题的类型、数量是否满足阅读能力评价的需求？试题的难度、区分度等各项指标如何？这些都是我们接下来应该着重考虑的问题。纵观三大项目的阅读测验，均将所有试题分配到不同题组中，每个题组都涵盖了所有测试题型和所要测试的内容和能力。反观我国各类阅读测试的参考答案则缺少多样化的合理空间，而对于有些测试题，评价者虽然也给出了几种正确（或部分正确）的答案，但对答案本身缺乏充分的理论说明，实用性价值并不高。

在设计阅读试题及参考答案时，借鉴国际三大能力监测的经验不失为一种较为明智的做法。PISA、PIRLS 和 NAEP 在对阅读素养进行考察时，主要采取选择题和建构性试题这两种题型。按照鲍道宏（2016）提出的：在选择题的设置上，它们给出的答案是需要辨析的，但正确答案一定是确定的，这就对试题及答案的设计提出了很高的技术要求。除此之外，我国的试题编制缺乏必要的分析和评价，很多的试题未经预测就直接应用于考试，后期对测试的结果也未进行有效的评价，这都是缘于我国阅读试题质量不高、随意性较大的原因。

4.3.3 阅读题库的设置及题型的分配

我国是一个十分重视考试的大国，但目前为止，很少有专门针对考试（或测试）而建立的较为完备的题库。刘芳（2019）认为题库的建立，不仅为考试出题提供了一定的参考，还可以通过统计测试后所获得的一些统计学上的指标，如实测难度、区分度等来指导我们如何进行阅读教学。从选择符合测评标准的文本，到针对每个阅读能力层级的试题设计，每一道试题均具有试题的设计数据、统计分析数据和测试配置数据等属性参数。通过这些数据，我们可以快速了解试题曾在哪些考试中被使用过，试题的难度如何以及试题的呈现形式是怎样等具体信息。除此之外，还可以通过对题库题型的数据进行分析比较，从而为命题人试题的命制及阅读素材的寻找提供新的思路和方向。

在我国阅读能力测试的题型中，认知能力这一评价指标的分布极不平衡。长期以来，我国注重培养的是学生对文本信息的查找与回忆的基础性能力，却忽视了学生的整合和解释能力，在批判性与评价能力上更无法取得大的突破。鉴于三大国际监测的经验，在学生的初级阶段，直接提取信息和观点类题型所占比重较高。当学生能够自主地提取文章的信息后，可适当添加整合信息类的题型。随着学生年龄的增长，则要着重去培养他们的批判性思维、自主学习能力及创造性思维能力。目前，此类题型在现行教科书中偏少，可适当增加。具体的题型设置以及所占比重可借鉴鲍道宏（2016）对PIRLS2016文学阅读测试考点分布情况的统计，具体如表5所示。

表5　PIRLS2016文学阅读测试考点的分布

阅读能力	占试卷总分50%			
	设计比例	所占试卷实际比例	题号	总分值
关注并提取信息	20%	21.1%	3、6、7	4分
直接推论	30%	31.6%	1、2、5、9、11	6分
解释并整合观点和信息	30%	31.6%	4、8、10、14、15	6分
判断与评价内容、语言和文本	20%	15.7%	12、13、16	3分

由表5可知，PIRLS的试题是以阅读能力的层级来命制的，严格遵照一道题只对应一个能力层级的要求。不管是从题量上，还是分值上，我们都可以看出PIRLS在文学阅读中测试的重点在于学生对信息的直接推论和解释、整合观点上；可见，三大测评项目在阅读目标的指引下，对能提高阅读素养的每一个环节都严格把控。而且PIRLS在测试时并不是完全按照规定的百分比来命题的，其具体数值是有变动的，这说明了在把握原则性的前提下，又可以充分发挥灵活性的作用。

4.3.4 提供立体多维的成绩报告

各国际阅读测试项目的背后都有一个专业的测评机构，这给它们提供了强有力的数据分析支持，使得测评的结果能够被充分利用从而形成有效反馈。不仅如此，国际三大监测还会把每次测评的结果进行公示，其中包括基于学生作答情况的分析报告，也包含了对各种外界影响因素综合分析之后得出的结论。提供如此立体多维的成绩报告，既有助于开展对被试对象的多元评价，也有利于被试对象客观地认识自身，促进被试在发展优势的同时能够补齐短板，更能让各地区认识到自身存在的不足，以此为依据来提高整体阅读水平。另外，它们还对参与测试的学生发展不同阶段的阅读素养测试进行监测，经过统计和分析对学生的发展生成完整的报告，从而实现对这些项目实施后对参与被试的阅读能力是否得到提升的检验。邓敏（2018）认为国内中小学阅读能力评估体系所采集的数据大多是共时数据，即不同学生在同一时段、同一考试的结果数据，缺乏某一学生在不同时段、不同考试中获得的连续性数据，因而无法追踪学生的阅读能力提升轨迹，也无法达到科学、系统地评价儿童素养提升的目的。

第五节　本章小结

本章通过梳理国际三大教育监测——PISA、PIRLS、NAEP 对阅读素养的操作性定义与实施框架，结合对比分析直观地呈现了当前国际教育测评对阅读素养的理解与监测，并在此基础上，聚焦到我国当前义务教育阶段的阅读素养教学与培养现状，提出在阅读教学的过程中需要关注一些影响因素的作用，例如把社区、家庭、学校的力量纳入阅读教学中，让学生在具体的阅读活动中提升阅读能力。同时，应该重视学生在阅读中的主体作用，对学生学习的主观动机、情感、兴趣和心理负担等方面都要做充分的了解，才能在教学中对症下药、有的放矢。

可喜的是，我国教育部已经采取了相应的措施，不仅在阅读教材上进行了改编，而且还在阅读教学方法上也做出了改进。新教材除了在内容方面的精进外，还十分注重往课外的阅读延伸，把课外阅读纳入了教材体制，建构了"教读—自读—课外阅读"组成的"三位一体"的教学结构。目前，国内已经出版了专门针对学生阅读素养培养的书籍，还有相关配套的练习题，但如何把控质量、建立起完整的配套措施是我们要着重解决的问题之一。在试题的命制方面，如何突破经验式命题、构建与阅读能力层级相匹配题型的问题，仍有待进一步加强。此外，如何将影响学生阅读素养能力最主要的因素综合考量，全方位提升学生素养，也值得我们进一步去探究和深思。

第三章

PISA阅读素养测评框架发展综述

第一节 引言

PISA（Programme for International Student Assessment）是一项国际化标准评估计划，由经济合作与发展组织（Organization for Economic Co-operation and Development）统筹其成员国及其他一些国家共同开发。PISA的评估对象是即将完成义务教育的、年龄在15岁左右的在校学生，主要测评阅读、数学、科学三个领域的内容。PISA对于三个领域的定义不仅仅关注学生对学校课程的掌握，而且也关注学生进入成人生活所需要的重要知识和技能，因此，跨课程能力评估是PISA的一个重要组成部分。评估的重点放在对概念的理解、对过程的掌握以及应对各种情况的能力上。

在PISA每一次的测试中，总共包含了七个小时左右的测试项目，不同的学生只需要参加不同的测试项目组合：完成两个小时的纸笔测验，测验项目由多项选择和开放性的问题组成，题目以基于文章的题组方式呈现；完成纸笔测验之后，学生需要用20～30分钟完成一份关于他们自己背景的问卷，学校校长也需要完成一份关于学校情况的问卷；PISA的评估周期是三年一次，每个周期都会将阅读、数学和科学中的某一个领域作为深入研究的一个"主要"领域，其中三分之二的测试时间用于评估这一领域。2000年PISA以阅读素养测评为主，2003年PISA以数学素养测评为主，2009年PISA以科学素养测评为主。

本章通过对历次PISA评估框架中阅读评估框架内容的梳理，介绍PISA阅读素养评估框架的组成内容，以及其随社会时代发展变化的不断更新及完善过程，以期对PISA阅读框架的发展情况能够有更全面深入的认识。

第二节　PISA 的特点及其阅读素养框架

2.1　PISA 的特点

PISA 的主要目的是评估年轻人在阅读、数学和科学等领域获得的他们成年生活所需的更广泛的知识和技能的程度，因此不针对具体的知识范围进行，跨能力的评估是 PISA 评估的重点。PISA 之所以主张评估更广泛的知识和技能，首先是因为虽然具体的知识获取在学校学习中很重要，但要将这些知识应用于成人生活中，关键取决于个人对更广泛的概念和技能的获取。如在阅读中，形成对书面材料的理解以及对文本内容和质量的反思能力是核心技能。其次，PISA 作为一项国际性的评估项目，如果仅仅将评估的范围限制为学校课程的内容，将无法让参与评估的各国政府更好地了解到其他国家教育体系的优势与创新之处。最后，PISA 认为学生确实需要掌握一系列更广泛的技能来面对未来的挑战，包括沟通、适应性、灵活性、问题解决和信息技术的使用。这些技能是跨课程发展的，因此对它们的评估也需要跨课程的关注。

PISA 的基础是终身学习的动态模型，在这个模型中，成功适应不断变化的环境所必需的新知识和技能是在整个生命周期中不断获得的。学生不可能在学校里学到他们在成人生活中需要知道的一切，他们必须获得的是在未来生活中成功学习的先决条件。学生必须能够组织和规范自己的学习，学会独立和小组学习，克服学习过程中的困难。他们要意识到自己的思维过程和学习策略与方法。因此，PISA 不仅关注学生每一次的表现，也通过问卷的方式收集学生更多的信息，从而从更多的角度分析他们的表现，更准确地评价学生的能力水平。

PISA 不仅仅是一项跨国合作测评学生阅读、数学和科学素养的国际评价项目，从长远的角度来看，PISA 每三年一轮的评估中收集的数据能够达到监测参与国家学生知识和能力发展的情况，从而为各国的教育改革及创新提供真实、全面的数据。PISA 能够提供各种不同的指标，如学生知识和技能基本概况的基本指标，与技能相关的人口、社会、经济和教育等环境指标，等等。

2.2　PISA 阅读素养框架基本概况

2.2.1　阅读素养的定义

　　PISA 在 2000 年第一次实施，一共有 32 个国家参与本次测评，其中包括 28 个经合组织成员国，这些国家人口加起来占世界人口的四分之一以上，比迄今任何国际教育评估所涵盖的国家都要多。PISA2000 的主要测评领域是阅读，在 PISA2000 的评估框架中首次介绍了 PISA 阅读素养的定义。PISA 对于阅读素养的定义吸收了已有的两项国际阅读素养评估项目中对于阅读素养的定义，一项是国际教育成就评估协会的阅读素养研究（IEA/RLS），将阅读素养定义为：理解和使用社会和/或个人重视的书面语言形式的能力；另一项是国际成人素养调查，对阅读素养的定义是利用印刷和书写的信息在社会中发挥作用，实现自己的目标，开发自己的知识和潜能。这两个项目对于阅读素养的定义侧重于读者将书面或印刷文本用于社会需要或个人重视的目的，从而开发其知识和潜能的能力。但是，这两个定义都没有强调读者在理解或使用信息方面的积极主动的作用。因此，PISA 对于阅读素养的定义是："阅读素养"是理解、使用和反思书面文本，从而实现自己的目标，开发自己的知识和潜能，并参与社会活动的能力。之所以选择"阅读素养"，而不是"阅读"，是因为"阅读素养"可能更准确地向非专业观众传达评估所衡量的内容。为了强调阅读是互动的这一概念，PISA 对于阅读的定义在基于"理解"（来自 IEA/RLS）和"使用"（来自 IEA/RLS 和 OECD/IALS）的基础上增加了"反思"一词，也就是读者在阅读时，需要根据自己的想法和经验对文本的内容和形式进行思考。书面文本是指印刷、手写或电子显示的文本，包括图形、图片、地图、表格或图形等，但不包括电影、电视、动画或无文字的图片。

2.2.2　PISA 阅读素养评估框架

PISA2000 选取了情境、文本、测试题目三个维度来构建阅读素养的测评框架，其中情境更多的指的是作者写作文本的用途，而不是地点或背景。在 PISA 阅读素养评估中，情境可以根据任务的预期用途、任务中与他人的隐式或显式关系以及总体内容对任务进行的分类，分为私人阅读、公共阅读、工作阅读以及教育阅读。其中，私人阅读主要是为了满足自己的兴趣和需要，以及维持与他人之间的联系，内容通常包括个人信件、小说、传记或作为娱乐活动一部分的一些材料等；公共阅读主要包括使用官方文件以及关于公共事件的信息。对于工作目的的阅读，PISA2000 的评估框架中指出虽然只有一些 15 岁的孩子需要在工作中阅读，但是包含一些典型的工作阅读任务是很重要的，因为这些任务与完成一些直接任务密切相关，而且内容与评估的目标直接相关。评估 15 岁青少年进入职场的意愿也很重要，因为他们中的许多人将在一到两年内进入劳动力市场。教育目的的阅读通常涉及获取信息作为进一步学习任务的一部分。

PISA 阅读素养评估的文本类型分为连续文本和非连续文本。连续文本通常由句子组成，这些句子依次排列在段落中，这些段落可能也适合放入更大的结构中，如章节和书籍。非连续文本最常见的组织形式是基于列表组合的矩阵格式。连续文本类型可以按照文本内容和作者写作目的分为描述、叙述、说明、议论、指示、超文本（含有指向其他文本文件链接的文本）。非连续文本可以从结构和形式角度进行分类，从结构上可以分为简单列表、组合列表、交叉列表、嵌套列表等，从形式上可以分为表格、图表、广告、证明等。

PISA 阅读素养的测试题目包括题目问题或指令的设计、学生回答的形式以及评分的标准三个方面。对于题目问题或指令的设计，主要从宏观和微观两个层面进行考虑。从宏观角度来看，PISA 阅读素养评估将衡量学生在五个方面表现出的熟练程度：形成一个广泛的总体认识、检索信息、形成解释、反思文本的内容以及反思文本的形式。从微观角度来看，评估学生在以上五个方面的能力时，纳入对三个过程变量（所需资料的类别、类型的匹配、合理性的干扰）的考察。所需资料的类别，这是指读者识别出的能够成功回答评估问题的信息类型。题目所要求的资料越具体，读者就越容易判断这项任务。类型的匹配，指的是学生处理文本从而正确回答问题的方式。它包括将问题中的信息（给定的信息）与文本中的必要信息（新信息）联系起来的过程，以及从可用信息中识别或构造正确回答所需的过程。合理性的干扰，这一点主要涉及文本中的资料与问题中所要求的资料有一个或多个共同点，但不能完全满足题目所要求的内容的程度。当文本中没有干扰信息时，任务被认为是最容易完成的。

在具体的评估框架中，对于不同情境中题量的分配，PISA 阅读素养评估降低了工作阅读情境所占的比例，个人阅读、公共阅读和教育阅读则平均分配。文本类型方面，连续文本内容占考试内容的 66%，非连续文本占 34%。在连续文本中，解释性文本占最大的比例，为 33%；指示性文本占最小的比例，为 7%。在非连续性文本中，图表和表格占最大的比例，均为 33%；广告占最小的比例，为 6%。对于检索信息、一般性理解、形成解释、反思文本内容以及反思文本形式五个方面能力的考查中，形成解释占比例最大，为30%，检索信息与一般性理解均占20%，反思文本内容和形式均占15%。问题类型设置上，多项选择题占55%，开放性回答占45%。

完成阅读素养的评估后，PISA将从多种角度对结果进行报告，因此除了学生全面阅读素养量表之外，还将从文本类型（连续和非连续）和宏观方面（形成一个广泛的一般理解、检索信息、形成解释、反思文本内容及反思文本形式）进行报告。阅读素养评估还包括对学生的问卷调查，收集关于学生的相关信息，主要包括关于阅读实践和兴趣的信息收集，涉及元认知的某些方面的信息收集，以及关于技术在参加经合组织/PISA学生生活中的作用。

第三节　第一轮PISA阅读素养测评框架的发展（2000—2006）

PISA在2000年第一次实施，以阅读为主要测评领域，数学和科学为次要测评领域。2003年和2006年，阅读都是次要测评领域。PISA2000形成了完整的阅读素养测评的框架，PISA2003和PISA2006对于阅读素养的测评都是基于PISA2000的阅读素养框架来实施的。PISA在2000年的测评框架中就提出，PISA是一个基于终身学习理念开发的动态评估框架，因此会随着时代的发展不断改进、完善。2003年和2006年的PISA阅读素养测评中，对于阅读素养的定义及测评框架与2000年相同，但在具体测评内容及题型的分配上与2000年有一些差异。

PISA2003的评估框架指出，发展对书面材料的解释和对文本内容和质量进行反思的能力是阅读素养的核心技能。PISA对阅读素养的测评中，采用连续文本和非连续文本两种类型，在PISA2000、PISA2003、PISA2006每一轮的测评中，连续文本阅读任务都占三分之二，非连续文本阅读任务占三分之一。由此可以看出，PISA阅读素养的测评对于连续文本的阅读更加关注，也体现了评估框架中提出的对于文本的解释和反思关注。在连续文本和非连续文本内部测评任务的分配上，阅读作为主要测评领域和次要测评领域时也有一些差异。PISA2000中，说明文本占连续文本任务的36%、叙述文本占20%、议论文本占20%、描述文本占14%、指令文本占10%。而PISA2003和PISA2006对于阅读素养的测评中，连续文本任务主要是说明、叙述和描述类文本，没有议论和指令类文本。其中，说明文本类型占连续文本任务的67%，其次是叙述和描述类文本，分别占17%和16%。可以看出，当阅读为次要测评领域时，连续文本的任务设计中以说明类文本为主，体现了PISA阅读素养以评估学生形成解释和反思能力为核心能力的测评。非连续文本任务在PISA2000中图表占非连续文本的37%、表格占29%、略图占12%、地图占10%、信息表占10%、广告占2%，而在PISA2003和PISA2006中，表格占40%、信息表占30%、图表占20%、地图占10%，没有略图和广告类文本。可以看出，PISA2003和PISA2006中非连续文本任务设计主要以表格和信息表类为主。

对于PISA2000评估框架中提出的阅读素养主要评估学生五个方面的能力，即检索信息、形成一个一般性的广泛理解、形成解释、反思文本的内容、反思文本的形式，PISA2003和PISA2006也继续延续。PISA2000中对于提出的反思文本的内容和形式（reflecting on the content and the form of a text），只是在阐释这一能力的具体含义中提到了要求学生反思并且评估文本的内容和形式，PISA2003和PISA2006的评估框架中，在提到这一能力的时候，更加明确地提出反思和评估文本的内容和形式（reflecting on and evaluating the content and the form of a text），使得对于这一方面能力所包含的内容更加明确。对于针对这五方面能力测评任务的设计，PISA2000中考察形成广泛的理解以及形成解释占

49%、检索信息占29%、反思和评估占22%。PISA2003和PISA2006中，考察形成广泛的理解以及形成解释占50%、检索信息类占29%、反思和评估占21%。可以看出，三次阅读素养中，对于形成一个广泛的理解及形成解释的评估占较大比例，也可以看到每一次的测评中，PISA都很好地贯彻了对于在评估框架中提出的阅读核心能力的考察。

在测试题目类型方面，三次阅读评估都包括多项选择题、复杂多项选择题、封闭式问答题、开放式问答题四种类型。PISA2000中，多项选择题占41%、开放式问答题占44%、封闭式问答题占9%、复杂多项选择题占6%；PISA2003和PISA2006中，多项选择题占29%、开放式问答题占43%、封闭式问答题占21%、复杂多项选择题占7%。可以看到，三次评估中都以多项选择题和开放式问答题为主，在2003年和2006年，多项选择题比例有所下降，封闭式问答题比例有所增加，但是总体上仍然是多项选择题和开放式问答题占比例最大。PISA阅读素养评估的情境包括私人阅读、公共阅读、教育阅读、工作阅读四种类型。2000年，公共阅读占38%、教育阅读占28%、私人阅读占20%、工作阅读占14%；2003年和2006年，教育阅读占29%、工作阅读和公共阅读均占25%、私人阅读占21%。2000年公共阅读和教育阅读占比相对较大，而2003年和2006年四种情境占比相对平均。

从对2000、2003、2006年的PISA阅读素养评估框架梳理可以看到，2000年，阅读作为主要的测评领域，已经形成较为完善的评估体系；2003年和2006年，阅读作为次要的评估领域，在主要的定义及评估内容上依然延续2000建立的体系，没有较大的更改，但在具体内容的设计上有所变化。每一次PISA评估一共是大约两个小时的内容，在阅读作为主要评估领域时，其中有三分之二的时间用于评估学生的阅读能力，因此2000年的阅读评估在文本类型、题目类型的设计上能够包含更丰富的内容。而在2003年和2006年阅读素养的评估中，可以看到连续性文本类型主要以说明、叙述和描述类三种文本为主，非连续性文本主要以表格为主。PISA 评估框架指出，发展对书面材料的解释和对文本内容和质量进行反思的能力是阅读素养的核心技能。因此，在阅读作为次要测评领域时，虽然测评的文本类型减少了一些，但是仍然围绕评估学生形成一个以总体概念以及解释能力为主的方式，体现了 PISA 对于阅读核心技能的测评。

第四节　第二轮 PISA 阅读素养测评框架的发展（2009—2015）

2009 年，PISA 实施第四次评估，阅读再次成为主要测评领域。PISA 是一个动态评估框架，经过近十年的发展，阅读评估框架需要根据实际情况进行调整和完善，因此，在 PISA2009 中，阅读评估框架在之前三次评估的基础上进行了一些更新。在 2009 年新版本的阅读素养评估框架中有两个主要修改的地方：一是整合了电子文本的阅读，即将电子阅读的评估纳入了评估框架中；二是阐述了阅读投入和元认知的构建。

PISA 阅读素养评估框架的调整反映了 PISA 对阅读本质理解的扩展和世界的变化。PISA2009 的阅读素养框架中简要地提到了电子文本，指出预计电子文本将在未来的调查周期中使用。随着社会的发展、技术的进步，电子文本在个人、社会和经济生活中越来越普遍，数码世界对人们的阅读能力提出新要求，因此，PISA2009 的评估框架加入了电子阅读的评估框架，同时也对阅读文本和读者阅读的过程进行了重新定义。

自 PISA2000 第一次实施以来，阅读和阅读素养的定义随着社会、经济和文化的变化而变化。学习的概念，特别是终身学习的概念，扩大了人们对阅读素养的认识。读写能力已不再被认为是在幼年上学时才获得的能力。相反，它被视为个人在生活中通过与同伴的互动以及在更广泛的环境中建立起来的一套不断扩展的知识、技能和策略。2009年的评估框架指出，阅读相关的技能、态度、兴趣、习惯和行为在最近的一些研究中已经被证明与阅读能力密切相关。例如，在PISA 2000中，阅读能力和阅读投入（包括态度、兴趣和实践）之间的关系比阅读能力和社会经济地位之间的关系更大（OECD，2002）。PISA2000对于阅读素养的定义是：阅读素养是对书面文本的理解、运用和反思，以达到自己的目标，发展自己的知识和潜力，参与社会活动的能力。PISA2009对这一定义进行了调整，将阅读素养定义为：阅读素养是理解、运用、反思和参与书面文本，以实现个人目标，开发个人知识和潜能，并参与社会活动的能力。2009年的定义中增加了对于阅读活动本身的参与，因为PISA2009框架指出，一个有阅读能力的人不仅拥有良好的阅读技能和知识，而且还具有将阅读用于各种目的的价值和用途。因此，教育的目的不仅在于培养学生的阅读能力，而且在于培养学生对阅读的兴趣。在这种背景下的参与意味着阅读的动机，它由一系列的情感和行为特征组成，这些特征包括对阅读的兴趣和享受，对阅读内容的控制感，参与阅读的社会层面，以及多样化和频繁的阅读实践。

PISA2009仍然从四种情境来考察学生的阅读素养，即私人阅读、公共阅读、教育阅读、工作阅读。但由于加入了对电子文本的阅读的评估，考察文本种类的分类，主要从四种角度分类：（1）介质：印刷和电子文本；（2）环境：编写和基于消息的环境；（3）文本格式：连续、非连续、混合、多重；（4）文本类型：描述、叙述、说明、论证、事务。PISA2009框架指出，电子文本与书面文本的区别，包括物理可读性；读者在任何时候可见的文本量；文本的不同部分和不同文本通过超文本链接相互连接的方式，因此，在电子文本阅读的过程中，读者需要构建自己的阅读路径，以完成任何与电子文本相关的阅读活动。文本分类中对于环境的分类主要是针对电子文本阅读而言的。电子文本存在于许多环境中，包括网页环境、桌面环境和电子邮件环境。还有其他使用书面文本的电子环境，如手机短信和电子日记。就 PISA2009 而言，只考虑基于计算机的环境。为评估电子文本的阅读能力，PISA 已经确定了两种广泛的电子环境，它们之间的区别取决于读者是否有可能影响网站的内容。编写的环境是读者最容易接受的环境：内容不能被修改。基于消息的环境是指读者有机会添加或更改内容的环境。如作者环境中的文本具有固定的内容，不受读者的影响。它们是独立的环境，由商业公司、政府部门、组织或机构或个人控制或发布。读者使用这些网站主要是为了获取信息。而在基于消息的环境中，读者被邀请以某种方式参与进来，其内容在某种程度上是流动的或协作的，因为它可以由个人以某种方式添加或更改。读者使用这些网站不仅是为了获取信息，而且也是一种交流的方式。基于消息的环境中的文本对象包括电子邮件、博客、聊天室等。

对于文本格式的分类是一个重要的方面，也是 PISA2000 框架和评估组织的核心，主要分为连续文本和非连续文本两大类。虽然在 PISA 2000 评估中使用了一些混合和多重文本，但它们并没有被单独分类，而是按照连续或非连续元素进行描述。PISA2009 在连续文本和非连续文本的基础上增加了混合文本和多重文本。在纸质媒介中，混合文本是杂志、参考书和报告中常见的一种格式。在电子媒介中，作者的网页通常是混合文本，由列表、散文段落和图形组成。多重文本是指那些独立生成的，并且独立有意义的文本，它们可以在特定情况下进行合并，或者为了评估的目的松散地联系在一起。它们可能是互补的，也可能是相互矛盾的。纸质文本评估中的任务在很大程度上仍被分为连续或非连续两类，其中约三分之二的任务为连续文本，约三分之一的任务为非连续文本。相比之下，在电子文本阅读评估中，多文本的任务比例要大得多。这主要是由于电子阅读重点评估超文本，阅读任务需要学生阅读多个文本（可能是不同的网站或不同页面属于相同的网站），因此，对于文本格式变量，大多数任务被分类为多个文本。电子阅读评估中只需要局部处理单个文本的任务数量相对较少，无论它们是连续的、非连续的，还是混合的。因此，在PISA2009中，纸质文本中的连续文本占总内容的60%、其次是非连续文本占30%、混合和多文本均占5%；而在电子文本中，多文本占阅读任务的70%，连续文本、非连续文本以及混合文本均占10%。由此可以看到，对电子文本的阅读主要考查多文本类型，这也体现了网络阅读的基本特点。

PISA阅读素养主要考查学生五个方面的基本能力，即：检索信息、形成一般的广泛的理解、形成解释、反思和评估文本的内容、反思和评估文本的形式。PISA2009将这五方面的内容融合为三个主要方面的内容，即：访问和检索、整合与解释、反思和评估。而对于电子文本阅读，除了考察以上三个方面的能力，还增加了一个对于综合能力的考察。在PISA2009中，纸质文本中考察整合与解释的任务占50%，访问和检索、反思和评估各占25%；电子文本阅读考察整合与解释的任务占35%、访问和检索占25%、反思和评估占20%、复杂综合能力占20%。可以看到，电子文本阅读能够考察学生更多方面的能力，甚至是在一项任务中综合考察多种能力。

除了增加对于电子文本阅读素养的评估外，2009年PISA阅读评估框架还增加了对于阅读投入以及元认知评估的构建。PISA框架指出，阅读素养的发展并不局限于技能和知识的发展，它还包括动机、态度和行为。PISA2000研究的结果显示，每个参与国学生的阅读投入水平与他们的阅读能力呈正相关，且显著相关。阅读投入与成绩之间的相关性最大，甚至超过了阅读素养与社会经济地位之间的相关性（OECD，2002）。PISA2009阅读素养框架将电子文本阅读作为构建的重要组成部分。为了解决评估纸质阅读和电子阅读学生参与度的目标，PISA2009

提出了一个统一的框架，这个框架包括两方面的内容：个体参与和教育情境。

参与概念的基础在于自决理论，这个理论认为，个体在自我决定的时候发展得最好。在这种状态下，个体拥有与自己文化相适应的价值观和目标，同时仍然有能力和信心指导自己的行动。自我决定的读者具有内在的动机，能够为了阅读本身的目的和价值而阅读，为了各种兴趣和目的广泛阅读。PISA2009将阅读投入定义为：个体阅读投入是指学生阅读的动机性属性和行为特征。目前的研究表明，积极参与的读者具有良好的兴趣和最喜欢的话题或类型的阅读材料（兴趣）；他们重视对阅读的控制，重视自主的阅读活动（自主性）；他们依靠一个社会网络来扩大他们的能力和分享他们的知识和经验（社会倾向）；他们经常广泛地阅读（行为）。因此，在PISA中阅读参与包含四个操作性特征：（1）对阅读的兴趣——倾向于阅读文学和信息文本的乐趣和满足好奇心；（2）感知自主性——对一个人的阅读活动、选择和行为的感知控制和自我导向；（3）社会互动——阅读和互动的社会目标；（4）阅读练习——阅读活动的数量和类型。PISA2009将评估个体阅读参与中的课堂支持阅读参与定义为：课堂阅读投入是指学生对教师、课堂和学校对其阅读的动机属性和行为特征的支持的感知。在PISA2009调查中实施的课堂阅读参与的两个特征是相关性支持和自主性支持。对于阅读参与的评估主要通过问卷的方式来实施。在PISA2009中收集与阅读能力相关的元认知方面的信息，可以提供用于提高阅读素养的信息，从而满足PISA的目标之一：为决策者提供改善学生教育成果的策略。阅读中的元认知是指在以目标为导向的方式处理文本时，对各种适当策略的认识和运用能力。在PISA2009评估中，一些阅读情境被呈现给学生。在每个情境中，学生被要求评估不同阅读和文本理解策略的质量和有用性，以此来收集学生元认知策略方面的信息。

PISA2009 对阅读素养的评估框架进行了更新和调整，使得阅读素养评估框架更加完善。2012 年和 2015 年，阅读是 PISA 的次要评估领域，对于阅读素养的评估都是基于 2009 年的框架来进行的，其中，2012 年阅读素养评估基本与 2009 年保持一致，而 2015 年的阅读素养评估主要通过电脑进行，并因此将"纸质文本"与"电子文本"的分类改为"固定文本"与"动态文本"两种模式。但在 2015 年的阅读评估中，只通过电脑线上的方式测试了"固定文本"，而没有测试"动态文本"，也就是没有测试 2009 年提出的"电子文本"，也没有收集阅读过程中参与或元认知的数据。因此，2015 年对于阅读素养的评估主要是一次从纸笔测验转向基于计算机测验的一次尝试。由此可以看出，PISA 一直都在紧跟社会变化发展的趋势，不断地更新和完善评估体系。

第五节　第三轮 PISA 阅读素养测评框架（2018）

2018 年，阅读第三次成为 PISA 评估的主要领域，阅读素养评估框架也再一次进行了一些重大的修订。这次修订的阅读素养评估框架以当代全面的阅读素养理论为基础，考查学生如何在广泛的语境中获取和使用信息。不断发展的技术迅速改变了人们阅读和交换信息的方式，要求人们能够适应迅速变化的环境，从不同的信息源中去发现和学习。PISA2018 框架指出，未来的学生需要熟练掌握数字工具，才能在日益复杂和数量不断增加的信息中取得成功。这就需要扩大阅读素养的定义：既包括基本的阅读过程，也包括更高层次的数字阅读技能。因此，PISA2018 年的阅读框架进一步将传统的阅读与因信息技术的发展而出现的新阅读形式充分结合起来。PISA2018 的阅读框架首先对阅读的定义进行了完善，将定义中的"书面文本"直接改为"文本"，扩大了阅读素养评估的内容范围，同时增加了"评估"，反映了适应信息化时代的要求，面对众多信息时，需要学生对文本的价值和真实性进行评估。

除了对阅读素养定义的修订，PISA2018 的框架继续强调学生阅读动机、实践以及元认知的重要性及其与阅读能力之间的密切关系。要实现在这个框架中定义的阅读素养，在阅读过程中需要执行一系列广泛的过程，这些过程的有效执行反过来又要求读者具备支持这些过程的认知技能、策略和动机。因此，2018 年的阅读框架进一步将阅读素养评估的过程系统化，从阅读的认知过程的角度入手，构建了一个阅读认知过程体系，将阅读过程中涉及的关键技能融合在一个体系之中。在设计 PISA 阅读素养评估时，最重要的两个因素是：第一，确保阅读内容和阅读目的的广泛覆盖；第二，在文本和任务中表现出自然范围的难度。PISA2018 年阅读评估体系建立在文本、过程、情景三个特征之上。针对阅读认知过程，PISA2018 定义了两大类阅读过程：文本处理和任务管理。文本处理分为阅读流利度、定位信息、理解、评估和反思，任务管理分为制定目标和计划、监控和调节。2018 年的框架明确指出，阅读流利度的过程不同于其他与文本理解相关的过程。阅读流利度可以定义为一个人准确、自动地阅读单词和连接文本的能力，以及对这些单词和文本进行处理，来理解文本的整体含义的能力。流畅的阅读可以释放注意力和内存资源，这些资源可以分配给更高层次的理解过程。相反，阅读流利度的不足会将资源从理解转移到处理印刷文本所需的低级过程，从而导致阅读理解能力的下降。定位信息包括访问和检索信息、搜索和选择相关文本；理解包括对字面意思的理解、整合并得出推论；评估和反思包括评估文本的质量和可信度、反思文本的形式和内容以及发现和处理矛盾。可以看到，2018 年的阅读评估过程是对 2009 年建立的评估四个方面的内容，即访问和检索、整合与解释、反思和评估以及综合能力的进一步扩展和完善，考察的内容更加丰富，更具有体系。2018

年的框架对目的性阅读活动中涉及的认知过程进行了全面而详细的分类，从而能够更好地评估学生的阅读素养。

第六节　本章小结

本章对历次 PISA 阅读素养评估框架进行了梳理，研究发现 PISA 作为一项国际化的评估项目，从对阅读素养的定义到对整个阅读素养框架的构建，再到评估的实施，都具有非常科学、严格的标准。在理论方面，PISA 广泛借鉴已有先进的与阅读相关的理论及实证研究，时刻关注社会的发展，不断调整对阅读素养的定义，不断更新整个评估体系。在评估实施方面，从纸笔测验到转向基于计算机的测验，体现了 PISA 具有国际化的视野，关注当代技术发展，不断与时俱进，适应社会发展。我们可以从中借鉴相关有益的理论和评估方法，促进我国阅读素养测评体系的发展与完善。

第四章

母语写作测试述评——基于 NAEP、SAT 与中国高考的研究

第一节 引言

NAEP 作为美国中小学教育评估体系，其写作测试主要分为劝说类写作、解释类写作和传递经验类写作，面对不同的测试年级，规定了不同的写作对象，并采用整体评分法进行评分。我国的基础教育测试可以考虑借鉴这一模式，鼓励学生以交流为目的进行写作，并且具备读者意识。SAT[①] 作为"美国高考"，其写作测试通过对原文本的立论过程进行分析，主要考查学生的阅读、分析和写作能力。我国高考主要以材料写作的形式考查写作能力，在此后的改革中也可借鉴 SAT，增强对学生逻辑说理能力的考查，重点培养实用型人才。无论是在写作试题研发阶段还是在后期的标准评价上，我们都可以根据实际情况学习、借鉴国外先进的命题和评价经验，让教育测量统计等相关技术在写作测试中发挥更大的作用。

第二节 NAEP、SAT 与中国高考的写作测试介绍

美国国家教育进展评估（The National Assessment of Education Progress, NAEP）也被称为"国家教育报告卡"，它是了解美国中小学生知识和能力的大型国家级成绩测量体系。自 20 世纪 60 年代启动至今，NAEP 已走过 50 个年头了，它由美国教育统计中心（NCES）来管理，由教育考试服务中心（Educational Testing Service, ETS）在美国全国范围内实施。目前测试的学科主要包括阅读、数学、写作、公民学等，除了基

---

① SAT（Scholastic Assessment Test），学术能力评估测试。

本的成绩测试之外，NAEP 还包括了性别、种族、家庭经济条件等背景问卷调查，以便对学生成绩做进一步的归因或总结分析（赵阳、蔡敏，2009）。

写作是 NAEP 重要的组成部分，根据 NAEP2017 写作评价框架，写作测试主要有三个目标：一是鼓励学生组织思维、运用语言，进行有效交流；二是鼓励学生运用电脑软件进行写作；三是评价学生在给定的时间内根据具体的要求完成写作任务的能力。目前，我国的基础教育测量评估尚处发展阶段，还未形成像 NAEP 一样大规模的全国性的评估体系，部分省市有针对性地对本省市中小学生进行基础教育测量，但未形成标准化、规模化的体系，因此本文在此不做述评。

学术能力评估测试（Scholastic Assessment Test，SAT），和 NAEP 一样，也是由 ETS 定期举办的考试，它的成绩是世界各国高中生申请美国学校及奖学金的重要参考。因此，我们也称它为"美国高考"。SAT 考试于 1926 年在美国第一次举办，迄今为止已有 80 多年的发展历程，其经历了 1994 年、2005 年和 2016 年三次重大的改革。写作测试的改革主要集中在后两次。2005 年，SAT 新增了写作测试，分为多项选择题和作文两个部分。多项选择题主要考查考生对英语逻辑修改和行文中的语法的运用能力，采用选对得分、选错倒扣分的评分原则；作文为命题作文测试，采用整体评分原则，主要考查考生语言表达能力和论证能力。2016 年，SAT 的写作部分取消多项选择题，命题作文改为文本分析作文且成为选考项目（刘菊华，2015）。

从 1978 年开始，中国恢复高考，至今已 40 多年。高考作文作为每年语文试卷必考、所占分值最高的题目。高考作文命题一直不断改革探索，发展创新。从一开始的缩写、改写、读后感、看图作文，到后来的命题作文、话题作文、材料作文。体裁也丰富多样，既有记叙文、议论文，也有说明文、应用文等。在作文命题上，既坚持国家统一命题，又实施上海、北京、江苏等部分省市自主命题。

第三节 以 NAEP 为代表的基础教育写作测试概述

NAEP 写作测试一般分为以下三类：劝说类写作，说服某人改变观点和采取行动；解释类写作，向他人解释信息或观点帮助别人理解；传递经验类写作，向他人传递自己真实的或想象中的经验（李英杰，2012）。

在这所有的写作测试的题目中，NAEP 都具体说明了写作对象。当然，不同的测试年级，写作对象也有所不同。四年级学生的写作对象可能包括同龄人、老师和父母等；八年级的学生，对象可能是校长、编辑、公务人员等；十二年级的学生，对象一般更可能是社区领导、政府官员、州长等更高层面的人。无论如何，读者意识都被认为是写作层面非常重要的能力要素，实现交流是写作非常重要的目的，因此在写作测试题目中，根据写作目的和读者对象恰当地选择合适的体裁和写作技巧，是需要测试的重要能力。

根据 2017 年写作评定框架，NAEP 对写作的评价标准主要包括三个方面：观点的展开、观点的组织和语言的流畅与规范，详见表1。

表1　2017 年 NAEP 写作评定框架标准

观点的展开	观点的组织	语言的流畅与规范
深度和复杂性 构思和写作的方法 细节和例子	文本结构 连贯性 重点	句子结构和句子多样化 词语的选择 语态和语气 语法、惯例和技巧

写作部分的具体评分主要基于以上三个方面采用整体评分法对作文

进行评分，强调对文章整体进行评分，而不会就其个别部分评分，也就是说，文章总分不是每个写作要素的分数之和，而是以上三个方面的整体性评价。据此，NAEP2017 写作评定框架对文章按照由低到高 6 个评分点进行评分，它们清楚地规定了不同评分点之间的差距。

第四节　SAT 与中国高考写作测试的对比

4.1　写作能力的考察形式

2016 年改革后的新 SAT 写作部分取消了多项选择题，只有一篇文本分析作文题（Essay），测试时间从 25 分钟倍增至 50 分钟，分值从 240 分升至 800 分。测试方式从原来的话题写作改为材料分析写作，这道试题给出的材料分为提示语（Prompt）、源文本（Source Text）和任务（Assignment）三个部分。每次考试提示语、任务的内容基本相同，源文本的材料一般是一篇改编后的文章节选或文字叙述，一般会要求学生从材料中找出支持论点的证据，依据给定的提示语和任务对源材料进行分析。另外，新 SAT 的写作部分从必考项目改为选考项目，考生是否选择参加写作测试，不取决于自己的意愿，而是由申报的高校决定。

我国高考写作题均为作文形式，无客观题。2005 年及之前，高考作文的形式一般为命题作文，或有明确方向的话题作文，如 2005 年作文题，要求考生以"忘记和铭记"为话题写一篇文章。2006 年以后，高考语文开始采用新材料作文的形式。考生可以在整体理解材料的基础上进行写作，也可以选择给定材料中的一个角度构思作文。可以看出，与美国相比，我国高考作文命题开放性较强，没有明确的对原材料的分析要求，形式更为广泛，但也隐含着考查能力不明确等的不足。

4.2 写作测试考察的内容和能力

如上文所说，改革后的新 SAT 写作由三个部分组成：提示语、源文本和任务。每次写作测试的提示语都是"阅读文本，想想作者如何运用论据（如事实或例子）推导出自己的论点，如何建立论据和论点之间的联系；想想文章的写作体裁和说服性话语如何增强文章的表现力；想想作者如何完成自己的论证以及如何说服读者。"源文本一般是 650～750 字，难度符合高中生的阅读水平，内容多为中学生日常生活可接触的或感兴趣的话题，涉及艺术学、自然科学、社会科学、历史学、政治学等领域。源文本一般不会明确表达对某一现象或观点的态度，而是在表达过程中微妙地陈述观点。任务则是要求考生分析源文本的作者如何立论、如何说服读者相信自己的论点；要求考生分析源文本的作者如何增强论述的逻辑性和说服力等，并在此基础上完成一篇完整、清晰、连贯的作文。考生不需要在论文中表明自己是否同意源文本作者的观点。

改革后的 SAT 作文主要考查考生的阅读技能、分析技能和写作技能。阅读维度主要考查考生对源文本的理解；分析维度主要考查考生对源文本的论据、论证过程、体裁、修辞、词汇诸方面的评价；写作维度主要考查考生的文字运用能力和论证能力。

具体到我国高考写作测试研究，张开（2018）指出，目前我国高考作文考查的能力可以归结为阐释能力、发现问题能力和解决问题能力。如 2010 年北京卷的"仰望星空与脚踏实地"就是体现阐释能力的作文样例。考生需要根据给定的话题范围确定写作中心，并尽可能调动自己的知识资源和背景，对主题进行丰富和完善。2006 年以后出现的材料作文则更多是以发现问题能力型为主，如 2009 年辽宁卷的"明星代言"，作文材料中提供一些情境，让学生发现问题并进行论述。这类作文题主要考查学生提炼问题、确定观点的能力。解决问题的能力在这一时期较受学界关注，而材料作文无疑是考查学生解决问题能力和创新精神的重要方式。如 2016 年全国 Ⅱ 卷作文"语文素养提升大家谈"，引导学生思考语文学习的问题。可以看出，与美国相比，我国高考作文考查的能力范围较广，从多方面考查学生的综合素质，但针对性不强，对学生的逻辑论证等实际科学能力也未有明确的考查，试图考查的阐述、发现和解决问题的能力是否能真正引导学生对其能力的培养和教师的教学还有待商榷。

4.3　写作测试分值体系及评分标准

由于改革后的 SAT 作文主要考察考生的阅读技能、分析技能和写作技能，因此在阅卷时，评分员也是从这三个维度进行评分。在阅读技能维度主要关注作者是否充分理解源文本，包括中心论点、重要细节以及两者的关系；在分析技能维度主要关注作者是否有针对性地分析源文本的论据、论证过程、体裁、修辞和词汇等；在写作技能维度主要关注文章的结构、句式、用词以及书面表达水平。

新 SAT 作文是由两名高中英语教师或大学英语教师阅卷。评分员采用分项评分法，对考生的阅读、分析、写作三项技能分别打分，评分范围在 1～4 分内，考生三项技能的最终得分取两名评分员的评分均值。如果两名评分员给考生某项技能的评分差超过 1 分，就由级别更高的第三名评分员再进行评分。值得注意的是，考生的阅读、分析、写作三项技能都是在各自维度内单独计分，每项技能的原始分满分为 4 分，三项技能的原始分不会直接相加。

我国高考作文等级评分标准及《考试大纲》写作范围与要求简表，张开（2018）在研究中总结如下：

表2 高考作文等级评分标准及《考试大纲》写作范围与要求

		高考作文等级评分标准				《考试大纲》考试范围与要求（写作部分）
		一等（20~16分）	二等（15~11分）	三等（10~6分）	四等（5~0分）	
基础等级	内容20分	符合题意 中心突出 内容充实 思想健康 感情真挚	符合题意 中心明确 内容较充实 思想健康 感情真实	基本符合题意 中心基本明确 内容单薄 思想基本健康 感情基本真实	偏离题意 中心不明确 内容不当 思想不健康 感情虚假	符合题意 符合文体要求 感情真挚，思想健康 内容充实，中心明确 语言通顺，结构完整 标点正确，不写错别字
	表达20分	符合文体要求 结构严谨 语言流畅 字迹工整	符合文体要求 结构完整 语言通顺 字迹清楚	基本符合文体要求 结构基本完整 语言基本通顺 字迹基本清楚	不符合文体要求 结构混乱 语言不通顺，语病多 字迹潦草难辨	
发展等级	特征20分	深刻 丰富 有文采 有创意	较深刻 较丰富 较有文采 较有创意	略显深刻 略显丰富 略有文采 略有创意	个别语句有深意 个别内容较好 个别语句较精彩 个别地方有新意	深刻 丰富 有文采 有创意

由表2可以看出，我国高考作文满分60分，其中内容、表达、特征各占20分，评分员主要是从这三个维度进行评分。与美国SAT评分标准相比，我国高考的评分量表较大，评分标准也更注重文体内容，对论证及逻辑思辨能力的考查略有欠缺（赵静宇，2015）。

第五节　对我国基础教育写作测试及高考写作选拔方面的启示

5.1　对我国基础教育写作测试的启示

美国NAEP写作评定框架自1969年启动至今，历经多次改革，不仅对美国中小学写作教育和评价标准产生广泛而深远的影响，而且也在开展中小学写作评定框架方面带给中国一定的启示。

第一，NAEP将写作测试的目标定为鼓励学生进行有效交流、运用电脑软件进行写作、在给定的时间内根据具体的要求完成写作任务。这些能力无论是对于学生的学业发展还是就业后的职业发展都至关重要，因此这是学生需要学习掌握的基本能力，需要在中小学阶段就明确培养。而在我国，写作一般被认为是一种艺术创作，写作能力的培养也主要以更好地表达观点、情感为主要目标，相比之下，实用性较弱。这需要更多教师、学者、考试研发人员思考：哪些能力是中小学生必备的基础能力？哪些能力是更高阶段需要的专门能力（如文学创作能力）？更明确地、更有针对性地考察学生的写作能力，才能更好地引导教师的写作教学，更有效地培养学生的基本写作能力。

第二，在设计写作任务时，NAEP明确规定了写作交流的目标读者，并推荐了写作技巧及体裁。在写作评价框架中，也一再地强调读者意识，将写作定位为人际交往的工具，表明了作者对文章结构的安排、写作技巧的选择、语言的运用都必须以满足交际目的为基本前提，都要依从于写作目的，都要有利于向读者传递作者的观点和想法。

因此，NAEP对学生作文的评价不是基于运用了多少复杂的表达技巧，而是从满足不同的写作目的、实现与不同读者的有效交流，也即从表达效果的角度展开的。我国的写作评价则更多是从文体的角度出发，这样的评价容易对表达的方式方法关注过多，从而忽视表达的真正目的和实际效果。

5.2 对我国高考写作选拔方面的启示

高考的本质职能是为高校选拔人才，其作文测试的本质职能是评估学生的作文水平。因此，高考作文无论怎么改革，其目标都是为了提高评估学生作文能力的科学性，更好地为高校选择合适的生源。而如何使写作测试符合这一要求，我们可以借鉴美国 SAT 考试的部分经验。根据以上的综述，本文总结了 SAT 写作测试对我国高考写作选拔的一些启示。

第一，美国 SAT 写作考试着意于对大学学习能力的培养，特别是对学术精神和学习能力的培养，因此作文的考题内容范围广泛，包括文学、艺术、运动、政治、技术、科学、历史、时事等各领域的话题，但都不需要考生具备专业背景知识，主要考的是学生摆出观点并运用各种具体表达手段加以支持分析的能力，重视的是学生思路构建过程，特别是论点和论据之间的逻辑关系处理。这样写作就是将自己的思维用文字有条理地、清晰地表述出来，这样一种能力是大学学习必需的能力。相比而言，我国现行的高考作文题目没有针对大学学习能力进行考查，因此缺乏一定的实用性，尤其是逻辑说理分析能力未在写作考试中明确测试出来（任富强，2012）。我国高考写作测试主要考查的还是语言运用、情感表达，使考生的理性思维创造力受到限制。我们需要考虑到，当下社会需要什么样的人才？大学需要培养什么样的人才？这才是确定命题思路的首要的实际考虑。考试选拔的不应是记忆背诵的机器，也不应是只流于五花八门的语言形式的浅薄人才，而是具有高学习能力和社会适应能力的综合性人才。我国高考作文命题应该把握住这一点。

第二，美国 SAT 写作测试一个突出的特点就是要求学生有"读者"和"目的"意识。2016 年改革之前，美国大学理事会要求 SAT 写作测试的考生"想象你正在与这个短文作者交谈，你同意还是反对他或她""你有权自由使用'我'"，等等。2016 年改革之后，写作测试要求考生分析作者是如何论证自己的观点的，包括如何与文本作者的读者（也就是考生）对话，揣摩读者大概会在什么问题上存有疑问，读者最想知道什么道理，读者可能会反驳什么，等等。也就是说，写作是双方对话，不是自说自话，而必须以逻辑、说理为交流基础。而我国高考写作测试从根本上说仍局限于文章知识的范围，培养的仍然是文章写作能力，没有能够把"写作的本质是交际性"作为作文教学的重要因素。这一点与 NAEP 对我国基础教育的启示相一致。"读者"意识是需要从小培养的交流能力。

第三，SAT 作文题成为选考题是面对当前多元的高校招生的有效应对策略。将决定权交到高校手中，不仅能让高校更多地掌握招生的自主权，而且更能有针对性地选拔人才。因此，我们认为，增强高考作文的选择性也可以列入我国高考作文改革的考虑当中。鉴于我国普通高中教学的统一性以及写作能力的必要性，我国不能简单、直接地把作文改为选考项目，但可以把作文划分为"必考＋选考"两个部分。考生依据所报考高校、专业的要求进行选考，或许可以成为以后高考作文改革的新模式。

第四，SAT 的写作评分采用小量表模式，总分为 6 分，而我国高考写作总分为 60 分，属于大评分量表。与小评分量表相比，大评分量表虽然分数点较多，但并不能很好地区分考生，反而使评分员在评分时更易"趋中"（关丹丹，2016）。60 分制中，由于很多的分数值用不上，从而带来了更大的误差，影响了考试评分的准确性和公平性。因此，评分量表的设计对作文评分效果有很大的影响，我们认为，应该引起考试设计者的关注。

写作作为考查语言输出能力的重要手段，在我国的许多大规模教育考试中占据重要地位。在不断的改革中，无论是在试题研发阶段还是在数据收集以及后期的标准评价上，我们都需要有针对性地学习国外先进的命题和评价经验，也要让教育测量统计等相关技术在写作测试中发挥更大的作用。

第五章

我国中小学语文口语交际能力培养与测评初探

第一节 引言

当今社会对人才的沟通力提出了更高的要求，对语文教育中的口语交际教学也提出了更高的要求。《义务教育语文课程标准（2011年版）》明确了口语交际教学的课程目标，确立了开展口语交际教学的必要性。本章通过对郑州、长沙、武汉、洛阳四地的6位教师，以及河南三门峡市灵宝市的12位教师的实地访谈，力图详细了解现实教学中初中语文教师对目前口语教学的态度与教学体验。

在此基础上，结合当前国内中小学语文口语交际能力的界定和能力构成，梳理国内外语文教育中对口语交际能力的关注与测评，从中提炼基础教育阶段语文口语交际能力的核心要素和评价维度；以中小学语文口语交际能力的应用研究为落脚点，在尝试建构的语文口语交际能力结构框架下，探索我国中小学语文口语交际能力的测评体系。本章希望通过实地调查，将理论研究与应用研究相结合，共同服务于中小学语文口语交际能力培养和测评的国家需求及现实需求。

第二节 义务教育阶段语文口语交际能力与口语教学

2.1 口语交际能力的界定

语言是交际的工具，其最本质的功能就是社会交际功能，而交际最典型的模式就是口头语言表达。联合国教科文组织指出，21世纪人才必须具备的三大素质为：学会生存、学会学习、学会交际，"口语交际"

则是"交际"的重要组成部分。在倡导以学生学习为中心,以课堂学习与实际运用为前提的课程教学理念中,单靠纸笔考试来评估学生的语文能力是不全面的,考试的信度和效度必然会受到质疑。因此,把口语交际测试纳入语文能力测评的范围内,是毋庸置疑的。《义务教育语文课程标准》(2011年版)中明确规定:"口语交际为课程目标之一"(王荣生,2012),强调口语交际能力是现代公民的必备能力,并对口语交际做了进一步的要求,比如:能注意对象和场合,学习文明得体地进行交流;能耐心专注地倾听,能根据对方的话语、表情、手势等,理解对方的说话观点和意图;能讲述见闻,内容具体,语言生动,复述转述,完整准确、突出要点;等等。需要注意的是,在学生口语交际能力的培养和测评备受关注的同时,与其相应的语文口语交际能力结构研究和测评体系的建构有待深入研究和论证。

关于口语交际能力的界定,国外学者 Tepper(1978)将口头交际定义为"二人或多人之间通过言语和非言语方法传达或接受想法、观点、感情和态度的一种活动"(转引自邹申,2005)。概括来讲,口语活动具有以下六个方面的特点:第一,交互性(interactiveness):口语活动是一种基于群体之上的形式,在大部分场合中需要有交际对象,通过互相交流传递信息。第二,即时性(spontaneity):大多数的口语活动需要参与者听到别人的话语后立即做出反应,包括回答对方的问题或就对方的观点发表意见。口语活动的即时性不允许参与者有精心的准备时间,因而犹豫、口误等现象在所难免。第三,目的性(purposefulness):人们进行口头交际都是为了达到某一既定目的。第四,副语言因素(paralinguistic features):有的时候,说话者的意图是借助于语调、重音或音量的变化等副语言因素来表达的。第五,非语言因素(non-linguistic features):说话者有时用手势、目光接触、面部表情等体势语达到传递信息的目的。第六,听力与口语的不可分割性(inseparability of listening from speaking）：听与说是密切相连的，除了自言自语和个人演说以外，大多数的口语表达都涉及双方或多方的信息交流。讲话者的信息传入听话者耳中，听话者弄清讲话者的意图后做出反馈。因而，从某种意义上说，听力理解水平的高低直接影响口语交际的质量（邹申，2005：308）。显而易见，口语交际能力是一种立足于交际的综合能力。

2.2 我国中小学语文口语交际能力构成研究

根据前人对口语交际能力的界定（杨红兵等，2001；陆小平，2006；薛荣，2009），结合新课标的总体要求，我们可以看到，在界定我国中小学语文口语交际能力的构成要素方面，有以下三点值得进一步深入思考：第一，根据新课标中对学生"学会倾听"的要求，我们对口语交际能力的培养和测评不能脱离听力理解能力这一关键要素。这也是口语交际中必不可少的信息输入与输出的完整过程。第二，学生在口语交际的"表达与交流"方面，具体包含哪些因素和要点，需要进一步探究和细化。第三，根据新课标中"文明沟通""发展合作精神"的要求，我们需要充分考虑口语交际中的副语言因素和非语言因素，在口语表达的得体性和社会性方面予以重视和研究。具体来讲，本研究认为可以将中小学语文口语交际能力细化为以下四方面的能力。

（1）听力理解能力

口语交际中离不开听的能力，具体表现在：第一，学生的听辨能力，包括辨音、理解、判断的能力，也就是能听清、听懂别人的说话内容。第二，学生的听力理解能力，即学生在辨音的基础上，能正确理解所听话语的内容，并能迅速抓住要点的能力。第三，学生听后的评判能力，指学生在理解的基础上对话语的要点做出及时的反馈和恰当的分析的能力。

（2）口头表达的能力

说话是出声的语言，是传情达意的基本手段。说又是情景性的语言，与具体内容环境密切相关。口头表达能力具体表现在：第一，使用普通话表达时，在语音、语调、语速等方面的规范性问题；第二，清楚明白地表达自己的意思，描述事件、转述内容要点等；第三，能运用重音、停顿、节奏等副语言要素作为手段传情达意，使用说话的策略技巧使语言更具感染性。

（3）结合视、听、说的综合思维能力

听不是对语音的单纯感知，听是言语所引起的复杂的智力活动过程，包括感知、记忆、理解、思维等心理反应，看也是如此。边看边听边想，才能理解别人说话的要点、重点，辨别婉转含蓄的言辞，懂得言外之意。因此，口语交际需要视听说的综合思维能力，说话人要根据所看所听，对内容做出分析、综合、选择和筛选，需要有快速思维的能力，同时具备思维的条理性和逻辑性。

（4）口语交际的得体性、社会性

"在学生的口语交际过程中，他们总得借助一定的方法，伴随着一定的情感态度，具有一定的价值取向，这是一种客观存在"（倪文锦，2002）。评价学生的口语交际能力，要在具体的交际环境中进行，并给予学生有实际意义的交际任务，考查其参与意识和情感态度。所以，对学生情感态度和价值观的评价也需要作为口语交际能力测评的组成部分，不可忽视。学生在表达中体现出的得体性、互动性、合作性、社会性，都与其情感、价值观有着直接关系。例如，学生在口语交际中表达的自信心、礼貌程度、主动请教的行为、积极配合交流的情况等表现，都是得体性、社会性的反映。

总之，研究和探索中小学语文口语交际能力的构成，需要树立整合语言学知识、认知心理学、社会语言学等多学科的观点，将语言表达的听说读写有机结合起来，在创设平等与互动的原则下，综合地考虑口语交际能力的测评。

2.3 口语教学与评价

社会飞速发展，互联网的兴起与更新拉近了人们彼此间的联系，人们能不受时空限制，跨越民族、跨越地区，沟通同一件事、同一个问题，21世纪的交流更便捷、更直接、更广泛，影响力更大。在这样的背景下，沟通能力对个人的成长愈发重要。2016年，北京师范大学中国教育创新研究院与世界教育创新峰会组织（WISE）共同发布的《面向未来：21世纪核心素养教育的全球经验》研究报告指出，"沟通与合作素养"位列各国际组织和经济体高度关注的7大核心素养之首。日常沟通中，占比最高的沟通方式便是口语表达。可以看出，口语素养是21世纪人才的重要素养，口语表达能力对个人发展至关重要。

2.3.1 国外语文教育中对口语交际能力的关注与测评

对中小学语文口语交际能力的探索，除了从文献和《课程标准》角度进行分析和思考之外，国外目前比较成熟的语文口语交际能力测试的开发和设计，同样为我们更全面、深刻地理解和解读口语交际能力提供了参考依据。通过对欧美国家以及亚洲国家语文教育构成和测评的了解与总结，我们发现当前各国研发的语文口语交际能力测试，具有如下特点。

（1）采用听说结合的方式考查口语交际能力。我们搜集到的相关资料显示，美国、英国、法国、韩国、新加坡、香港地区都非常重视语文口语交际能力的教学和测评（吴逸敏，2007），并一致采用听说结合法作为基本方式测试学生的口语交际能力。

（2）利用多媒体技术，设置多种交际情景，从多模态的角度立体考查口语交际能力。在这方面，美国和英国的口语交际能力测评体现得更为突出。

美国的语文教育注重学生在日常活动中培养听力、想象和发展思维的能力，让学生在视听不同的媒体时表现出相应的视听技能，并能从视听材料中获取信息；通过视听不同的作品能识别作者的风格，以及扩大词汇量，并对所听内容进行评论，让学生能利用科技手段表达自己的思想。英国的语文教学则将听说读写四项技能的融合运用作为学生语言水平达标的标志。总体而言，欧洲国家普遍重视学生在各种情境中的语言表达，通过利用计算机等多媒体设备，营造不同的话语情景，锻炼学生在不同情境下的口语交际能力，这同样也是对学生表达得体性方面的全面考察。

（3）注重学生口头表达的条理性。英国的语文教育非常重视学生说话中语言的组织、表达的条理性、使用词汇的恰当程度和语音语调的正确性。法国的语文考试分为口语和听说两种考试。其中，口语考试的主要内容为文学作品赏析系列，需要学生朗读一段短文，指出阅读内容的特点和意义，因此学生需要掌握复述和概括大意的技巧，并通过有条理地口头表达才能很好地完成考试任务。

从上述国家和地区的语文教育目标和测评标准来看，学生运用本国语言进行口语交际的能力是教学和考核的重要内容之一。口语交际离不开听觉和视觉的参与，可以说，视听说是口语交际中的有机整体，不能完全割裂开来。这一信息同样给我国中小学语文教育以启示。

2.3.2　国内语文口语能力教学与评价

李宇明（2014）认为不同的时代有不同的语文生活，社会对人的语文生活能力有不同的要求，故而有不同的语文教育。当前，语文生活对语文教育提出新的要求，对未来公民有新的语文能力要求。可以说，语文教育政策的每一次重大变迁都与时代社会矛盾及经济文化、社会背景密切相关。田良臣（2005）回顾了口语教学的历程，认为20世纪上半叶，口语教学经历了孕育期、定型期和低潮期，20世纪下半叶经历了探索期、回归期和重构期。基于21世纪人才素养的发展，学者们对语文口语教育也有了更多的重视与探索。

实现口语课程的目标离不开有针对性的口语教学和有效的口语评价。在语文口语教学方面，研究者们一方面对语文口语教学现状进行调查，分析现存的问题，比如金秋月（2015）在调查延吉市一中的口语交际教学时，发现其存在部分师生认知偏误、学生能力发展不全面、课程实施力度不足以及课程评价无范式的问题；一方面立足于口语教学的课程目标，探索口语教学的展开策略。田良臣（2006）分析了汉语口语课程的定义与功能，并梳理了国内外母语口语课程的发展历程与特点，最后提出了汉语口语课程构建的维度模型。张萌（2020）认为针对口语教学，教育工作者应树立正确的教学意识、开发多样的口语交际教学活动、改变"书面"本位的任务倾向、建立全面的口语交际教学反思体系等教学策略。张桂清（2006）对人教版语文教材中的口语交际内容做了分析，认为其存在不科学、不合理的情况。

在语文口语评价方面，郑国民、孙宁宁和纪秀君（2001）指出中考以书面简答题的形式考查听说能力，这对扭转中学语文教学中普遍存在的重读写、轻听说的倾向，有一定的积极作用，但是书面语检测并不能有效评价学生的口语交际能力。王飞艳（2013）指出当前口语交际教学评价的问题还表现在评价标准和体系的模糊性、评价方式的单一性、评价过程中存在的负效应以及评价教师的素养层次不高等方面。赵雪梅（2017）认为口语评价的不理想，究其原因，是缺乏一套具体可行的实施方案。

为改善评价现状，学者们也做了许多有益的探索。任桂平（2005）提出在语文学科考试中增设口语交际测试。吴逸敏（2007）对听说考试的试题类型、功能及特点做了分析，认为可以依托视频测试平台，构建口语交际听说的评价体系。围绕初中生口语交际核心素养，戴晓娥（2015）从交际的行为与态度、交际的技能与策略、语言表达与修养三个维度，设计二十个观察点；根据陈述、演讲、讨论、日常交际四个方面，设计适合七、八、九三个年级不同层次的十二个场景，进而形成初中生口语交际评价的五级标准。关于评价体系，有的学者提出构建开放、多元的口语交际评价体系，包括多元的评价主体和多元的评价活动（黎运新，2010；王飞艳，2013）。

综上所述，语文口语教学对学生成长来说必不可少，是时代的需求、社会的需求、人才发展的需要。但我国当前的语文口语教学仍是传统教育，无法满足社会和人的发展的真正需要，这已经不能顺应时代潮流。对于教育工作者来说，在解决口语教学的问题前要充分了解问题，了解在实际的教学环境中，语文口语教学的现状与问题，只有这样，才能对症下药，推进口语教学的有效实施。

第三节　基于对国内初中语文口语教学情况的个案调查

3.1　研究方法

本研究采取目的抽样和滚雪球抽样相结合的方式。目的抽样是按照研究目的，抽取能够为研究问题提供最大信息量的研究对象，也被称为"理论性抽样"，由于质的研究注重对研究对象（特别是他们的内在经验）获得比较深入、细致的解释性理解，因此研究对象的数量一般比较小（陈向明，2000：103-105）。本研究中的访谈对象均有初中语文教学的经历，分别在不同地区教授不同的年级，能为本研究提供充分的信息量，因此符合质性研究的目的性抽样原则。滚雪球抽样是选择知情人士或决定性个案的操作方式（陈向明，2000：109），即在寻找访谈对象的过程中，请一位访谈对象介绍其他有初中语文教学经历的教师接受访谈，获取更多的信息。本研究首先对 6 位来自不同地区的初中语文教师进行访谈，之后访谈了 12 位灵宝市不同学校的初中语文老师，最大限度地收集资料。研究对所选教师进行了一小时左右的半结构型访谈。访谈结束后，研究者先将访谈录音转为文字，之后借助 Nvivo 12 对材料进行分析。受访者信息如表 1 所示。

表 1　受访者基本信息

代码	性别	民族	学校所在地	教授年级	教龄
TX-210616-CY	女	汉	郑州	初一	1年
WX-210620-YJ	女	汉	武汉	初三	1年
WX-210621-DQ	女	汉	郑州	初一	2年
WX-210628-YQ	女	汉	洛阳	初三	2年
LY-210701-CF	女	汉	长沙	初二	1年
TX-210704-XY	女	汉	郑州	初一	半年
Sz-211009-sy	女	汉	灵宝	初一	18
Sy-210929-hx	男	汉	灵宝	初一	23
Yz-211008-ld	女	汉	灵宝	初一	13
Jc-210930-zm	女	汉	灵宝	初一	10
Sz-211009-ld	女	汉	灵宝	初二	17
Sy-210929-wj	女	汉	灵宝	初二	25
Yz-211008-ts	女	汉	灵宝	初二	21
Jc-210930-lh	男	汉	灵宝	初二	18
Sz-211009-zq	女	汉	灵宝	初三	18
Sy-210929-ls	女	汉	灵宝	初三	17
Yz-211008-sy	女	汉	灵宝	初三	20
Jc-210930-dh	女	汉	灵宝	初三	25

3.2 研究结果

通过对访谈材料的分析，研究者发现教师们都认同语文口语教学，但在教学态度、教学方式及评价方式上有所差异。

3.2.1 态度：一定要开展口语教学

随着社会发展，人与人的交往日益密切，依靠电话等即时性的沟通是人们主要的沟通方式，口语交际能力越来越重要，成为21世纪人才的评价标准之一，也是其中至关重要的一项。多数教师都认为有必要开展口语教学，认为口语教学不仅能提升学生的沟通能力及表达能力，而且可以锻炼学生的逻辑思维能力，关注学生的心理问题，具有更深远的意义。访谈摘录信息如下：

（1）我认为是有必要的，口语表达和沟通能力很重要，不仅会影响日常交际，也能反映学生的思维逻辑能力，表达不好的学生通常理解能力也比较欠缺。（LY-210701-CF）

（2）初中的孩子刚从小学升上来，思想都还不成熟，其实沟通能力也是价值观的输出，比如班里的同学之间闹矛盾，他可能知道自己错了，但是不知道如何表达，不知道如何道歉。如何沟通，这些都是需要老师去引导的。除此之外，还有和老师、长辈之间的相处，其实都是需要老师来引导的。还有孩子有惯性的跟风行为，比如班里一段时间会流行一些口头禅，可能会带来负面影响，这也是需要老师来引导的。教师应该引导学生在日常用语中该如何正确表达，避免不必要的矛盾。（TX-210616-CY）

（3）语言是一门艺术，成年人还需要学习如何正确表达，如何有效沟通，更别说是未成年的孩子了。（WX-210628-YJ）

当今社会人与人的关系愈来愈密切，有效沟通成为每个人都要面临并学习的一大课题。时代的变化给语文教育提出了新的要求，也给了语文老师更多的使命，即培养真正的"全面发展"的人才，未成年人通过网络能更早地与更多的人接触并交际，可以说，如今学生的交际生活比从前学生的交际生活更丰富，范围更广，程度更深，更容易受影响，因此，学生比从前更需要老师去引导，学会如何正确表达。

除了学会正确表达，有教师认为口语教学有更深远的意义，即鼓励学生去表达，学会沟通，敢于沟通。

（4）课堂中的口语表达是强迫学生去张口、去表达，或者说鼓励他们、引导他们去表达。中学生或多或少都有来自各方面的压力，能借助相关的口语课表达出来，其实对他们的心理健康也有好处。好多中学生的心理问题都是因为和身边人的沟通不到位造成的。其实口语教学更大的作用就是鼓励学生养成善于表达的习惯，让他们明白沟通的重要性，提升沟通能力。（WX-210621-DQ）

在实际教学中，在教师及学校没有重视口语教学的情况下，部分家长也会关注到孩子的口语表达，并提出相关的诉求。

（5）老师很少接受过系统的口语教学培训，其实具体的也不知道怎么去培养或者锻炼学生的口语，学校也很少重视这一方面的问题。但是部分家长和学生确实有这方面的诉求，比如有些家长反映说孩子不爱说话，不去沟通，就希望老师能够适当引导。（LY-210701-CF）

教师们都赞成开展口语教学，但也有教师对今后的课时安排提出了质疑，不赞成过度关注口语能力，比如单独开设一节口语课，就是对口语教学的过度重视。教师认为这属于小题大做。

（6）但是要开口语课的话，其实我觉得没有这个必要，我觉得是过于关注口语了，毕竟我们说的都是母语，其实在表达上都没啥大问题。（TX-210705-XY）

母语口语教学与外语口语教学相比，在教学目标、教学内容及评价方式上都有差别。有教师认为母语口语教学也会像外语教学一样教语音、词汇等，对母语口语教学的内容有误解，所以认为没必要开展。

3.3.2　口语教学：缺乏针对性

3.3.2.1　教学安排

在应试压力下，初中生学业压力大，教师的教学任务多，因此口语交际教学的课程安排较欠缺，课时得不到保证，加之部分教师没有针对口语能力培养目标设计教学任务，而是将口语教学分散到各个教学环节中，教学安排较随意。

（7）在教学设计中，没有对这部分的安排，基本都是以课文为主，教材上有分单元，基本是按这部分的内容来教的。（WX-210621-DQ）

（8）我们一般会在考试之后组织一下，考前学习压力大，没时间，也没有心情去表达。（Yz-211008-sy）

（9）现在的口语教学，我觉得都是分散在各个教学环节中的，比如回答问题什么的。（TX-210705-XY）

（10）我认为口语表达的教学不应该局限在课堂上，在课上回答学生可能会紧张。所以我更倾向于在课下进行，我会在班会、活动课或自由讨论课这些时间来关注学生的口语表达。（TX-210616-CY）

学校对口语教学没有明确的安排与引导，只能靠教师独自去摸索，教学安排是即时的、随机的，有的教师选择在其他教学任务中穿插口语表达的教学内容，有的教师选择在课下进行。

3.3.2.2 教学内容

教师们对语文口语的教学内容的界定不一，有的较为宽泛，认为只要学生讲话，就属于口语教学；有的较为聚焦，认为其主要是口语表达技巧，比如辩论技巧、演讲技巧。教师多依据教材中的口语交际专题进行教学，部分教师会用口语表达的节目进行拓展。

（11）我在教学中会让他们多发言，或者有小组讨论，或者安排以学生为主导的一些活动，让他们多说一些，我觉得这样就能锻炼学生的口语能力。（TX-210705-XY）

（12）平常会有课堂互动、名著导读以及课上的演讲，讲完后会给一些评价和修改。但是很少会教授具体的表达技巧，专门锻炼学生的口语交际能力。（LY-210701-CF）

（13）除了教材的内容，我会让学生看诗词大会，用一些口语表达的节目来拓展。（sy-2109291-hx）

（14）非要在课堂的话，就会安排小组讨论，可以旁听他们的对话，这会比我直接来问会更自然、更真实一些。如果发现一些问题，我会看情况指出来，毕竟这不是一个很严肃的话题，口语本来就是很轻松、随意的，只要让他们意识到一些表达是不对的，能发现问题就行。（TX-210616-CY）

虽然教师们能意识到口语教学的重要性，也能关注到学生的口语表达，但是对教学内容还存在诸多疑虑，不知道如何做才能有针对性地教学。总体来说，我国口语教学主要依赖教材，以课堂回答问题和小组讨论的方式进行，即师生互动和同学间互动。

3.2.3 口语水平评价：标准不一，难以把握

《义务教育语文课程标准（2011年版）》只给出了口语交际的课程目标，是对能力的概念性阐述，能引导语文口语教学，但是缺乏可操作性。语文口语教学的评价体系有许多待解决的问题，主要体现在以下两个方面。

3.2.3.1 测评题目没有针对性

现有的口语评价是以书面形式进行的，这种传统的评价机制可以用于评价学生的语文基础知识水平、阅读水平及写作水平，但不适合用于评价学生的口语表达能力。

（15）平常的教学其实更侧重于阅读和写作，比较书面，学生都是用文字表达，其实和口语表达不一样，这是两码事，但是也有一定的联系。书面语和口语不同，一个人书面表达比较好不代表他的口语表达也好，就是沟通能力好，书面语与口语表达之间是需要转换的，有不同的表达系统和表达方式。（TX-210705-XY）

书面语和口语都是表达思想的工具，书面语以文字为载体，句式严谨，符合一定的语法规则；口语则以语音为载体，句式多变，没有一定的语法规则，可用声音的音高、音长、音强及停顿等语音变化表达丰富的感情，常伴有较多的冗余信息，比如"然后呢""嗯……就是"之类的口头禅，这都是口语交际中的正常现象。书面语是在口语的基础上发展起来的，反过来也能规范口语表达的准确性。因此，用书面题目考查口语交际有一定道理，但是仍缺乏针对性，不能有效评价口语交际能力。

（16）我理解的对口语的评价是试卷上的语言文字应用题目，比如有一道题是：假如你是书店的老板，现在有客人来买书，但是书店没有这本书，应该怎么回复客人？这些都是和表达有关的简答题。但它毕竟是写出来的，答案会更书面语，所以可能没有有效地测出口语的内容。（WX-210628-YQ）

（17）课后会有一些题目，比如如果你是XXX，在这种情况下你会说什么？回答是比较书面的。我觉得这种书面测评也有用，但是很片面，肯定与口头表达有一些出入。（TX-210616-CY）

3.2.3.2 评价方式较主观

教师们对口语教学评价的定位不准，只能依据个人主观经验，在评价时依靠主观感觉，做笼统的判断。由于教师们标准不一，缺乏科学性、系统性，所以无法正确评价学生的口语交际水平。

（18）在评价的时候，我会关注学生的表达是否流利，是否清晰，是否优美，还有声音是否洪亮。我觉得学生的性格也给了我一个最主观的感觉，平常口语能力比较好的孩子都爱说话，性格开朗，一些内向的孩子不爱说话，可能口语表达能力、沟通能力都不好。（LY-210701-CF）

（19）我觉得是思路清晰、说话是否连贯、语速是否适中，不要过快也不要过慢，总体感觉大方得体吧，自然一些。（TX-210705-XY）

（20）学生上了初中好像没有小学活跃，能说就很不错了。（Sz-211009-ld）

综合来看，教师们的评价标准有以下几项：1.表达是否流利、连贯；2.说话是否清晰，声音是否洪亮，语速是否适中；3.表达内容是否优美、得体；4.学生的性格影响；5.总体感觉大方得体、仪态自然。可以看出，当前与语文口语教学的评价标准与课标中的口语能力培养目标还有出入，评价标准不全面，有待进一步完善与发展。

3.2.4 建议：口语教学要实用

当前，教师们意识到口语教学面临许多难以解决的问题，并阻碍教学发展。考虑到口语教学的重要性，教师们对口语教学提出了一些建议。

一是口语测评有难度。不同于传统的纸笔测验，口语测验需要的人力、物力、财力的投入会更多，且口语是动态的，其评价标准难以制定，难以把握。

（21）如果在语文考试中增加口语测评，那我觉得可操作性不强。考试的时长、人力及场地、评分准则都不好把握，口语评分很难给出一个标准。（WX-210621-DQ）

二是母语口语教学的内容不同于外语口语教学，难以把握教学内容与范围，因此应明确语文口语教育的定位，明确语文口语能力的构成及教学内容，让教师们有所参照。

（22）中文是我们的母语，所以语文的口语测试肯定有别于外语测试，外语测试肯定是看你能不能讲好这门语言，比如发音、词汇等，但是母语口语，肯定讲话是没问题的。我想这门课应该侧重于语言艺术，比如蔡康永或何炅的说话艺术，在讲话时能考虑别人的感受。为什么我们在交流中常说"多说无益""祸从口出""沉默是金"，就是因为有的人不会好好说话，达不到目的，不仅沟通不好，反而会起反作用。所以除了教授讲话技巧，还可以教其他的。其实口语教学的内容很多啊，除了表达技巧，还有表达内容，以及陈述事实、表达观点、辩论、演讲的内容，口语教学的内容很丰富。（TX-210616-CY）

（23）教不了那么多，以后增加考试了，那学生压力就更大了。考试得实用才行，要贴近生活，得真正学到东西。（Sy-210929-wj）

（24）城里的孩子和镇上的不一样，有的孩子你让他想象去书店交流，他都没去过书店，怎么能表达出来呢？考试得结合实际，但是也得考虑到不同地区的实际。（Yz-211008-ld）

由此可以看到，母语的口语教学与评价要从实际出发，贴近生活，有实用性。因此在设计教学内容及测评题目时，应关注到口语交际的情境性，注意不同地区的实际，增加口语测试的灵活性，真正锻炼学生的口语表达能力，提升综合素质。

3.3 结论与建议

3.3.1 重视传统教育模式与新时代教育要求的碰撞

传统的语文教育模式重读写、轻听说，重文字表达、轻口语表达，这适应以书信为主的慢沟通时代对人才的要求，即良好的文字表达能力。但随着社会发展，人们的沟通方式越来越迅速，成为主要依靠电话、语音等快沟通的方式，交流的即时性对人才的沟通能力提出了更高的要求，语文生活的改变为语文教育提出了新的教学要求。但目前的语文教育模式显然没有很好地顺应时代潮流，还是传统的教学模式。口语交际教学在传统教育模式中处于一个尴尬的位置，教师们在实际生活中发现了口语交际教学的重要性，都认为其有必要开展并愿意支持，但却没有接受过语文口语交际教学的培训，在实际教学中难以有效开展，从而出现教学安排不合理、教学方式缺乏针对性、评价方式也难以把握等问题。

观念影响行为。马克思主义哲学论认为，每一个人的认识都由直接经验和间接经验两部分组成，人的认识从整体上都起源于直接经验，因此直接经验是认识的"源"，但对于每一个具体的个人，他的认识大量来源于间接经验，间接经验归根到底来源于前人或他人的实践，主体可以通过读书或传授等方法来获取间接经验，同时间接经验还需进一步到实践中检验与发展。只有将间接经验与直接经验相结合，才能有比较完全的认识。教师们对口语教学的认识源于实践，但却无法有效落实到实践中去，归根结底还是缺乏口语教学的间接经验。教师们身处在传统教育模式中，接受传统教育方式的培训，其自身的知识结构与新时代教育要求的认知不适应，缺乏可获取的间接经验，故而只能在教学中自己摸索，凭个人理解开展教学。但由于个人力量有限，因此会在教学中遇到诸多问题，不利于口语教学的开展。

3.3.2 开展教师专项培训

传统的教育模式已顺应不了时代潮流，在当前提倡并大力推进素质教育的背景下，"一考定终生"的应试教育体系已深受诟病，如果把口语评价纳入应试教育体系下，看似是发挥考试的指挥棒作用，推进口语交际教学的发展，实则是增加了师生的压力，不仅得不到认可与支持，还会导致机械训练、反复练习的应试现象。因此，口语交际教学与评价的推进需要倾听师生的意见，需要老师的支持与配合，让大家在了解口语教学的基础上，理性看待口语教学，掌握口语交际的教学与评价方法，解决在实施过程中遇到的难题，从而获得口语教学的间接经验。

因此，相关部门应开发口语课程资源，以线上线下相结合的方式开展教师培训，录制一系列有示范作用的初中语文口语交际教学课，或请专家讲解口语交际教学的内容与评价方式，真正地让教师们了解口语教学。只有这样，教师们才能在实际的教学中灵活开展教学，以更有针对性的方式提升学生的交际能力，帮助学生全面发展。

3.3.3 构建评价体系

语文口语交际教学的实施需要一套可操作性强的评价体系。这需要研究者们把握新时代语文教育的定位与目标，参考可资借鉴的母语口语能力描述及评分标准，对语文口语能力做出界定，并且在此基础上，制定相应的有可操作性的评价标准。

通过分析访谈材料，可看出当前语文教育仍是传统的教育模式，重视读写能力，对听说能力的关注度不够，虽然部分教师有意识地关注到口语能力，但受课程安排等因素的影响，对语文口语交际的教学与测试也没有针对性。在语文教育中，需要提高对语文口语交际教学的重视，以科学有效的方式促进教学发展，但口语测评不是语文教育中最重要的部分，因此不宜将其放到教学与测评中最重要的环节。语文口语交际教学与评价要以实用为目标，要能真正促进学生能力的全面发展，而不是给语文教育增添不必要的负担与压力。因此，语文口语测试在现阶段应定位为对学生的能力考查，而不是利害性较高的考试。在考试时间上，语文口语测试可以在中学入学测试、日常课堂评价以及年度期末测试中进行。教师可以在课堂上给出即时评价与反馈，有意识地关注学生的口语表达素养，并开展有针对性的训练。入学测试可以让老师了解学生的口语水平，因材施教；年度期末测试可以追踪学生的口语交际水平，督促学生全面发展。在考试形式上，可以依托网络，开发线上系统，对口语表达进行测评，减少对人力、物力资源的需求，使口语测评更便捷、更系统、更科学；在考试题型上，可以借鉴香港及台湾的语文科口语考试，以及国外的语文口语测评方式，采取故事复述、访谈对话转述及看图说故事等多样的题型；在评价主体上，可以依据题型，采取教师评分、同学互评及机器评分等方式。

综上所述，在新时代下推进语文口语教学，需根据我国语文口语教学的现状，突破传统教育的模式，在教学内容及评价方面做更多有益的探索，使语文口语教学真正落实到课堂中，让语文教育与社会接轨，以此提升新时代人才的核心素养。

第四节　我国中小学语文口语交际能力测评的研发设想

4.1　中小学语文口语交际测评指标体系研究

4.1.1　构建口语交际能力测评指标体系的原则

测评指标体系的建构关乎整个口语交际能力测试的研发，具体涉及测验结构、题型、内容等多方面的设计与架构，是测验研发的重要基石，需要遵循一定的原则。

4.1.1.1　综合性原则

口语交际能力包括听力理解能力、看材料理解能力以及口语表达的能力，同时涉及学生的兴趣、情感、态度、习惯等诸多方面。口语交际能力指标体系应全面覆盖这些主要方面，以全面地培养学生的口语交际素质。

4.1.1.2　导向性原则

口语交际能力指标体系具有导向性，全面的指标体系可以帮助学生认识到口语交际能力的各个方面，增强学生主动发展的内部动力，激发学生参与各种交际活动的兴趣，更好地让学生认识自我、发展自我、完善自我。

4.1.1.3　科学化原则

建构口语交际能力指标体系，首先需要对口语交际能力的界定做大量的理论梳理和调查研究，同时，深入中小学语文教学一线获取资料信息，在此基础上，结合语言学、教育学、认知心理学等多学科的理论知识，形成口语交际能力的指标体系框架。

4.1.1.4 可操作性原则

能力指标体系中的各项指标的确立和描述都应当具有可操作性，力求简便易行，使其适用于语文教学、口语交际课堂等各个环节中，确保教师和学生都能够积极参与到口语交际能力的评价当中。

4.1.2 语文口语交际能力结构及测评指标体系的建构

探索中小学语文口语交际能力测试，首先需要定义口语交际能力的结构内涵，并明确能力结构的层级关系。广义来说，中小学语文口语交际能力应包括中小学生在口头交际中表现出来的表达能力、参与态度和行为习惯。具体到中小学口语交际能力的构成，我们首先构拟了一个总体的框架，将口语交际能力分为能力、态度和习惯三种类型，并对每一种类型都进行了细化，即每一种类型的能力都会对应一些具体的能力表现，具体呈现如图1。

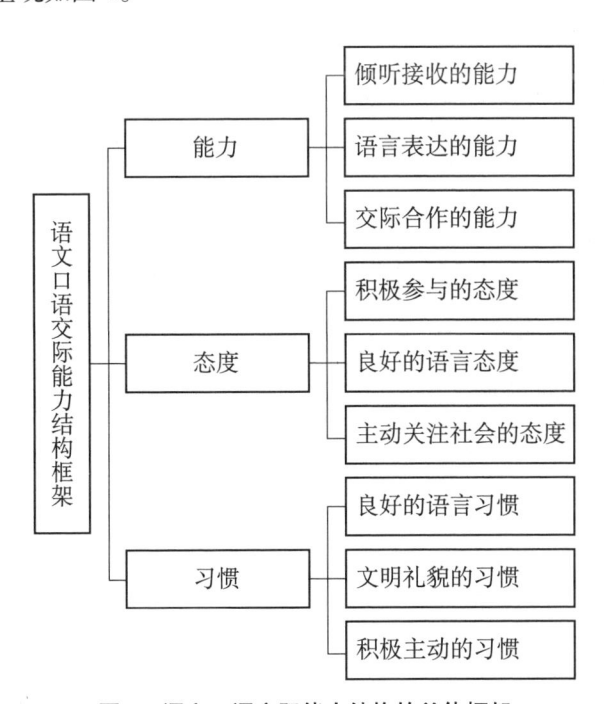

```
                         ┌─ 倾听接收的能力
                  ┌ 能力 ─┼─ 语言表达的能力
                  │      └─ 交际合作的能力
                  │
                  │      ┌─ 积极参与的态度
语文口语交际能力结构框架 ─┼ 态度 ─┼─ 良好的语言态度
                  │      └─ 主动关注社会的态度
                  │
                  │      ┌─ 良好的语言习惯
                  └ 习惯 ─┼─ 文明礼貌的习惯
                         └─ 积极主动的习惯
```

图 1　语文口语交际能力结构的总体框架

上述九种能力表现既互相独立，又密切关联，共同构成语文口语交际能力的结构框架，为综合形成口语交际能力的整体评价奠定了基础。

4.1.3 中小学语文口语交际能力测评指标的具体组成

在口语交际能力构成框架的基础上，结合测评指标划分的可操作性原则，我们需要具体确定口语交际能力的测评指标。本研究根据指标总体框架和前人研究的相关成果，将测评指标分为三级：一级指标由知识与技能、过程与方法、情感态度三部分组成；二级指标由八个考察点组成；三级指标则是对每一个二级指标的可操作性细化分解，具体见图2。

本研究对口语交际能力测评指标的具体划分，一级指标从学生的知识掌握情况、交际过程情况、情感思想情况三大方面进行划分；二级指标细化为八种能力，分别对应于一级指标的三个主要方面；三级指标则更加具体，在可操作性方面更加突出，对于评分标准的制定更具指导意义。这些不同层级的指标共同组成了口语交际能力测评的可操作性框架。

以上对语文口语交际能力测评指标的细致划分，除了可以指导基础教育阶段语文口语教学之外，还可以规范口语交际测试的编制。与此同时，口语测试的实施又可以反过来校验口语交际能力测评指标的有效性，促进口语交际能力构成框架的修订和完善。

第五章 我国中小学语文口语交际能力培养与测评初探

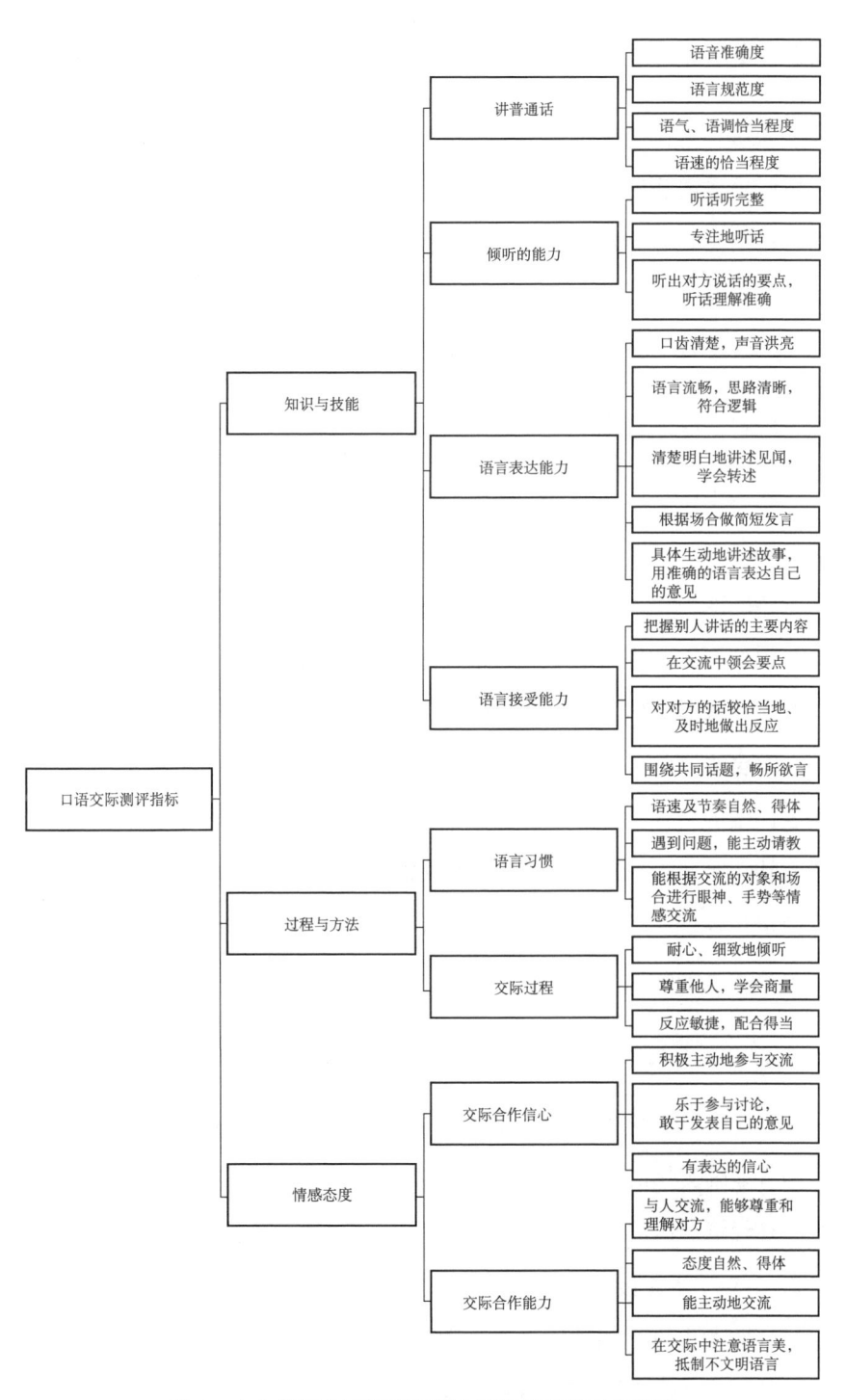

```
                                    ┌─ 语音准确度
                         ┌─ 讲普通话 ─┼─ 语言规范度
                         │           ├─ 语气、语调恰当程度
                         │           └─ 语速的恰当程度
                         │
                         │           ┌─ 听话听完整
                         ├─ 倾听的能力 ┼─ 专注地听话
                         │           └─ 听出对方说话的要点，
                         │             听话理解准确
                         │
                         │              ┌─ 口齿清楚，声音洪亮
              ┌─ 知识与技能 ┤              ├─ 语言流畅，思路清晰，
              │          │              │  符合逻辑
              │          ├─ 语言表达能力 ┼─ 清楚明白地讲述见闻，
              │          │              │  学会转述
              │          │              ├─ 根据场合做简短发言
              │          │              └─ 具体生动地讲述故事，
              │          │                用准确的语言表达自己
              │          │                的意见
              │          │
              │          │              ┌─ 把握别人讲话的主要内容
              │          │              ├─ 在交流中领会要点
              │          └─ 语言接受能力 ┼─ 对对方的话较恰当地、
              │                         │  及时做出反应
              │                         └─ 围绕共同话题，畅所欲言
口语交际测评指标 ─┤
              │                     ┌─ 语速及节奏自然、得体
              │          ┌─ 语言习惯 ┼─ 遇到问题，能主动请教
              │          │          └─ 能根据交流的对象和场
              │          │            合进行眼神、手势等情
              │          │            感交流
              ├─ 过程与方法 ┤
              │          │          ┌─ 耐心、细致地倾听
              │          └─ 交际过程 ┼─ 尊重他人，学会商量
              │                     └─ 反应敏捷，配合得当
              │
              │                         ┌─ 积极主动地参与交流
              │          ┌─ 交际合作信心 ┼─ 乐于参与讨论，
              │          │              │  敢于发表自己的意见
              │          │              └─ 有表达的信心
              └─ 情感态度 ─┤
                         │              ┌─ 与人交流，能够尊重和
                         │              │  理解对方
                         └─ 交际合作能力 ┼─ 态度自然、得体
                                        ├─ 能主动地交流
                                        └─ 在交际中注意语言美，
                                          抵制不文明语言
```

图 2　中小学语文口语交际能力测评指标的具体组成

4.2 我国中小学语文口语交际能力测试的研发

探讨和建构与中小学语文口语交际能力相配套的测评体系，目的在于更好地发展我国基础教育阶段学生口语交际能力的教育和培养，更好地将口语交际能力结构框架应用于社会。中小学语文口语交际能力测评体系建设是一套系统工程，涉及测试的研发理念、测评形式、结构内容、等级设置、评分标准、分数报道等诸多环节。

4.2.1 研发理念

我国中小学语文口语交际能力测评，旨在考查我国中小学生在各种交际场合中，文明地进行人际沟通和社会交往，从而完成交际目的的口头表达的能力。

根据当前学界关于语文口语交际能力测评的研究，本研究认为我国中小学语文口语交际能力测评的研发理念应立足于口语交际的设计原则，综合语言学、心理学、修辞学、社会学等多学科理论观点，在研究制定详细的测评指标体系的基础上，结合中小学生的语言和思维发展阶段和特点来研发针对这一特定群体的口语交际能力测试。鉴于此，该考试应定位为低利害的诊断性测试，不过多涉及选拔与择优，也不过多增加中小学生的学业压力。

4.2.2 测试形式与等级设置

我国中小学学生人数众多，针对大规模口语考试的操作应用，建议根据各地区实际情况，分地区采用"半直接"式口试或"间接"式口试。

在经济发达地区，可以利用网络和计算机等设备，采用"半直接"式口语考试。"半直接"式口语考试采用计算机录音的手段，通过录音机发出指令对考生进行测试指导、讲话提示或其他刺激，主考官并不真正出现。目前考生规模巨大的托福口语考试就采用"半直接"式考试形式。

在我国经济欠发达地区，则采用"间接"式口语考试，也就是通过发放口语试卷的形式，让考生通过阅读口语试卷上的指令和话题要求，进行口语表达，考生的口语录音可采用计算机或者录音机录制的方式进行。

在我国中小学语文口语交际能力测验的等级设置方面，本研究认为可以采用语言能力标准通行的三等六级框架，即初等（一级、二级）、中等（三级、四级）、高等（五级、六级），每一等级都需要结合对口语交际能力构成的界定，对等级特征进行辅助描述和说明。

4.2.3 试题设计及考试程序

中小学语文口语交际能力测试的试题设计，要根据不同的考试形式开发不同的试题题型。例如，在"半直接"式口试中，可以研发适合听后说、或者视听后说的题型，通过计算机技术创设各种口语交际情景，从而实现对学生口语交际能力的测评；而在"间接"式口试中，则需要借助于纸质试卷的呈现方式，以增加学生对通过阅读试卷文本接受信息的需求。此类口试方式的试题题型与以往的口语测试是完全不同的研发思路和题型结构。

在考试程序方面，为了最大限度地保证考试的公平性，无论是采用"半直接"式口试，还是"间接"式口试，都需要设计标准化的程序和测验任务。口语考试程序可由热身、正式考察和结束三个阶段组成。

（1）热身阶段是为了缓解应试者的紧张情绪，以便开展下一步的口语表达。这一阶段的内容以自我介绍和简单回答个人情况为主。

（2）正式考察阶段作为口试的主要部分，目的是为了最大限度地挖掘考生的口语交际能力水平。这一阶段需要根据不同的考试组织形式，开发不同类型的话题题型，引导考生进行口语交际表达。通过听后说、视听后说、读后说等题型，使学生在获得听觉刺激和视觉刺激的同时，获取一定的话题信息量和背景材料，在此基础上，学生将综合运用口语交际能力进行口头表达，发表意见、表达观点。

（3）结束阶段是为了友好地完成整个口试，恢复考生的自信心。这个阶段的试题设置应以轻松愉快的问题为主，例如个人爱好、假期计划等简单问题。通过这一阶段，考生的自信心将得到恢复。整个考试用时以 7 分钟以内为宜。整个口语考试流程见表 2。

表 2　口语考试程序

热身	正式考察	结束
用时约1分钟	用时约5分钟	用时约1分钟

4.2.4　评分与诊断性评价的设置

（1）综合整体的评分标准

口语考试作为一项主观性考试，评分标准的制定关乎考试的可靠性和有效性，科学的评分标准对于准确地测量学生的口语水平至关重要。在评分标准的制定方面，本研究认为应树立从整体出发全面衡量口语表达能力的宏观理念，采用整体评分法进行评分。具体到评分标准的细则，可以从口语表达中的接收信息、产出信息、社会性三个方面深入探索。第一，在口语交际中，交际双方在产出话语的同时，也在获取信息。因此，通过听觉和视听途径接收信息的能力、理解能力决定了交际是否能够顺畅进行。听不是对语音的单纯感知，听是言语所引起的复杂的整理活动过程，包括感知、记忆、理解、思维等心理反应。由此可见，学生对视听或者听的能力的掌握程度，决定了其对话题背景信息的理解和加工程度，从而将影响接下来的口语产出水平。因此听的能力是评分标准编制中不可缺少的组成部分。第二，在听或者视听的基础上，结合获取信息进行口头表达，不仅体现了学生的遣词造句、即兴表达的能力，同时通过学生表达观点、阐明态度、陈述理由等，还可以反映出学生表达内容的充实性、连贯性，从中体现学生的逻辑思维能力。可以说，学生的口语交际产出是一个综合能力的体现。第三，口语交际离不开交际对象和交际环境，因此口语交际具有鲜明的社会性特征。话语的得体性、良好的语言习惯和参与态度，都将呈现出学生整体的素养和口语交际能力。因此，本研究将社会性纳入评分标准的编制中，并给予足够的重视。

（2）以诊断督促为主的评价方式

在口语交际能力测试的评价方式上，本研究认为应以诊断学生水平和督促学生发展为指导原则，采用即时性评价与发展性评价相结合的方式。即时性评价不受时空限制，符合口语交际的即时性特点，适合对学生当前的口语交际能力进行测量。发展性评价的意义在于关注学生口语交际能力的发展过程，在追踪中及时发现问题，有效指导和改进问题，通过及时的沟通、调整和干预，进而了解学生口语交际能力发挥的实际需求，帮助学生认识自我，建立口语表达的自信，从而有效地指导学生形成良好的语言表达态度和表达习惯，使学生们的口语交际能力得到提升和发展（张敏强等，2003）。

总之，不论是即时性评价，还是发展性评价，都离不开定量和定性研究的参与。在确立中小学语文口语交际能力测试分数体系的基础上，进一步对分数等级进行较为详细的等级描述，并对每一位考生给出有针对性的诊断性评价，例如结合评分标准以及测评指标体系的具体构成，尤其是三级指标中呈现的具体内容，从语言表达能力、倾听接受能力、交际习惯、合作互动等多角度、多方面进行具有强针对性的诊断，还可以提供带有示例性的说明，从而帮助考生有针对性、有方向性地改进和强化口语交际能力。

第五节　本章小结

　　本章聚焦于义务教育阶段语文口语能力的培养与测评研究，首先从实证调查角度出发，通过实地访谈及现状分析，本研究发现当前语文教育仍是传统的教育模式，重视读写能力，对听说能力的关注度不够，虽然部分教师有意识地关注到口语能力，但受课程安排等因素的影响，对语文口语交际的教学与测试缺乏针对性。结合调查结果，本章进一步梳理国内外语文教育中对口语交际能力的关注与测评，从中提炼出基础教育阶段语文口语交际能力的核心要素和评价维度，探究中小学口语交际能力测评体系；在尝试建构的语文口语交际能力结构框架下，探索我国中小学语文口语交际能力的测评体系。相信这一系列的思考对于规范中小学语文口语教学、有效评估中小学生的口语交际能力，具有一定的参考和应用价值。

第六章

国民语文能力测评发展研究

第一节 引言

国民语文能力测评属于语言测试的范畴。研究国民语文能力测评的设计与开发，需要依据语言测试的相关理论，并借鉴语言测试实践的既有经验。本章首先对语言测试理论与实践发展进行了梳理，发现语言测试的理论与实践在不同的发展时期均受到语言研究和语言观的影响。从国内外著名的大规模语言测试发展历程中可以看到，各类语言考试在满足不同考生群体和用户单位实际需求的同时也存在着理论探索、技术改进、测评体系调整和建构等问题。基于以上理论梳理，本章以美国、欧洲、日本的大学入学考试语文测试为例，详细介绍了五种大学入学语文测试的异同。进而结合我国高考语文的现状，探究语文测试作为国内高考必考科目，需要进一步注重和加强的方面，以达到促进语文考试与语文教学良性互动的效果。综合学习文献和测评项目后，本章对国民语文能力测试的性质与目的、测试对象与群体、国民语文能力的操作性定义、测量内容等方面进行了初步探讨，并对我国国民语文教学与测评发展方向提出了参考建议。

第二节 语言测试理论与实践发展历程概述

2.1 语言测试发展的理论依据

2.1.1 语言观是语言测试发展的理论依据

语言测试作为应用语言学的一个重要分支，是一门多学科交叉渗透的学科，涉及语言学、教育测量学、心理语言学、认知心理学、二语习得理论、教学法、计算机科学等学科。语言测试的发展与语言学、语言哲学关系密切。由于人们对语言测试的认识与对语言规律的认识存在一致性,也就是说,有什么样的语言观,就有什么样的语言测试观,因此,不同时期的语言观是语言测试的方向标,是语言测试理论发展和变化的助推器。就其本质而言,语言观是语言测试发展的理论依据。深入研究语言观的变迁,有利于把握语言测试理论的发展历程,从而指导语言测试的开发与实践。纵观语言研究与语言测试的不断演进,传统语法观、结构主义语言观、功能语言观、交际语言观的发展变化历程,均对语言测试发展阶段的改变产生了本质的影响,而每一种起主导作用的语言观的出现,都会相应地出现一个语言测试理论发展的主流阶段。语言测试是一定的语言学理论、心理学理论和教学法的体现。正因如此,基于语言研究中对语言本质、功能等问题的不断思索和研究,语言观和语言测试理论才得以不断变迁和发展、完善,进而促进语言教学和语言测试的发展。所以,从时间上来看,语言测试方法的形成往往滞后于相应的语言学理论(邹申,2005)。

2.1.2 语言测试理论发展的重要阶段

根据 Spolsky(1977),Heaton(1988)等前人的研究总结,语言测试在发展进程中出现了四个重要阶段,分别为科学前语言测试或传统语言测试阶段、心理测量—结构主义或现代语言测试阶段、心理语言学—社会语言学语言测试或后现代语言测试阶段、交际语言测试阶段。

2.1.2.1 传统语法研究与科学前语言测试

20 世纪以前的传统语法观源于古拉丁语或古希腊语,认为语言涵盖语音、词汇和语法等知识,对语言的描写和语言规范性高度重视,因此书面语语法规则体系是传统语言学的主要研究对象。受此时语言观的影响,科学前语言测试主要以考查考生的语言知识为目标,听力、口语被认为是额外的测试组成部分，写作和翻译成为主要测试方法。科学前语言测试的一个最大特点是主观性太强，无论是从对测试技能的确定、题型的设计（以写作、翻译为主），还是对测试内容范围的划定（多为文学、文化类），以及主观性评分的操作等方面，都依靠教师的主观判断，整个语言测试领域呈现过度主观化的散乱状态，测试的信度和效度也并不理想，尚未达到科学的研究和研发，因此也被称为"科学前语言测试"。

2.1.2.2 结构主义语言学研究与心理测量—结构主义语言测试

这个时期是语言测试重要的发展阶段，语言测试在这个时期完成了对语言学理论和统计学方法的融合，成为一门相对独立的学科。大规模标准化语言测试（如 TOEFL）便是这个时期的重要产物。

以 Chomsky 为代表的结构主义语言学学者结合学界对传统语法语言观的批评，重新审视并思考语言学理论，他们将语言解读为一套符号系统，各有其不同特征，并据此开始详细描写日常交际语言。Chomsky 等明确区分了语言成分与语言技能，并指出语言构成成分具有分离性特征，而语言技能则具有综合性特征。在结构主义语言观的影响下，此时的语言测试也具有了结构主义的思想，强调不同语言成分可以单独测试，例如可以不考虑语境因素，分别考查语法、词汇、语音，并分别测试听、说、读、写等语言技能，由此便出现了两种使用频率很高的题型，分别是分离式试题（discrete items）和分立式试题（discrete-point items）。这两种试题均采用多项选择题方式进行考查，多项选择题可借助计算机阅卷，同时作答题目时间短，因此可以增加题数拓宽考查范围和内容，这样不仅确保阅卷的客观准确，同时也有利于提高试卷的信度和内容效度，具有客观性的典型特征。

该时期的语言测试研究同时也引入了心理测量学方面的统计方法，运用定量分析方法对试卷展开深入研究，由此出现了一些测试领域的相关概念，例如难度、区分度、信度、效度等，这一系列的融合研究推动语言测试发展成为一门既有理论基础，又有相对科学的统计技术的学科。需要注意的是，在这一时期，语言测试通过大量运用客观性试题确保了测试结果的可靠性，但是测试的有效性问题并未得到深入研究，有关测试构想的争论也逐渐显现出来。

2.1.2.3 社会语言学、功能语言学研究与后现代语言测试

受到功能语言学观的影响，语言测试自 20 世纪 70 年代进入到心理语言学—社会语言学时期。语境的提出是功能语言学发展的基础，功能语言学认为语言的运用和处理受到情景语境和语言情境的制约。因此，这个时期的语言测试强调语境的设置，即语言测试要在一定的语境中进行，注重综合考查考生的语言能力。常用的题型有完形填空、综合改错、听写、翻译、写作和口试等，这些题型都是对学生语法、词汇、阅读、听说等能力的综合测试，而且这些测试任务都需要放置在一定的情境中进行考查。

2.1.2.4 心理语言学、认知语言学研究与交际语言测试

20 世纪 70 年代，美国人类学家和社会语言学家 Hymes 提出交际能力的概念，标志着交际语言观的产生。在 Hymes 的引领下，Canale 等学者进一步发展和丰富交际语言能力，强调交际语言能力不仅包括语法的准确使用，还包括语言的得体性等社会语言能力，以及交际策略能力等。Bachman 在此基础上，于 20 世纪 90 年代提出了新的语言交际模型（communicative language ability，CLA），认为语言的使用是一个动态的过程，在互动中由各种知识、技能和心理过程交互作用，互相影响。

在交际语言观的影响下，交际语言测试也应运而生，其目的是测量学习者运用语言知识进行交际的能力。主要代表人物 Carrol 提出了"交

际语言运用测试模型",该模型涵盖独立测试和综合测试两种测试类型。其中,独立测试关注听、说、读、写四种技能的独立测试,综合测试的内容与实际交际行为紧密结合,综合四种技能进行测试。交际语言测试注重语言交际的语境设置、交际任务的真实性、交际目的的明确化以及交际过程的互动性,这些对真实性和互动性的要求增加了对测试研发和评分阅卷等工作的难度,尤其是对大规模考试的实施,在测试环境和评分信度方面都提出了新的要求和挑战,同时也促进了计算机网络化考试的发展和改进。目前为人们所熟知的托福考试、各种面试型口语考试都是基于交际语言测试理论研发的成果。

2.1.3 小结

综上可见,语言研究和语言观对语言测试在不同时期的发展过程中起到了重要的作用,语言观的变迁推动语言测试从前科学阶段逐步发展为当前的交际语言测试,从而实现了语言测试科学化的质变过程。不仅如此,我们还可以看到,语言研究和语言观对语言测试的影响是多方面多维度的,包括对语言测试的构想、测试目标、施测的方式方法、评分等都产生了影响。同时我们也应当认识到,不同时期的语言测试理论之间并非互不相容,其往往呈现相互补充的情况,语言测试理论与研发需要结合主流的语言观和测量的可操作性,需要整体的思考和融合,例如当前的语言测试领域就呈现结构主义语言测试与交际语言测试并存的态势(李筱菊,1997)。

进入 21 世纪以后,语言测试进入以认知语言学、心理测量学、计算机信息技术等为基础的信息化测试时代,语言测试研究的理论基础也呈现出多样性和多元化的特征。测试研发者将密切关注学科的动态发展,结合大数据分析与人工智能技术,继续推动语言测试的科学化和信息化进程。

2.2 语言测试实践的发展研究

语言测试的发展实践，集中体现在一些大规模标准化考试的发展历程中。本研究将以托福考试、雅思考试、汉语水平考试的发展历程为主，辅以有代表性的交际互动测试（以 C.TEST 口语面试为例），呈现语言测试实践的大致发展轨迹，为未来大规模标准化考试（诸如我国国民语文能力测试）的研发提供背景信息与参考建议。

经过梳理上述考试的实践发展历程，本研究发现当前国际知名的语言测试实践呈现出考试内容综合化、考试种类多元化、考试技术现代化、考试服务人性化的发展趋势。

2.2.1 考试内容综合化

2.2.1.1 托福考试测试内容的综合化趋势

托福考试是目前规模最大的国际性、标准化外语考试之一，自 1964 年问世以来，已有 50 多年的历史，在全球 180 多个国家设有考点。回顾托福的发展历程，该考试从试卷结构、考试形式和测试内容方面大致经历了五个阶段，每一发展阶段都体现出内容综合化的特点。

在托福考试发展的第一阶段（1964—1976 年），该考试试卷全部由客观性试题组成，其中，写作部分不是直接测试（direct testing），而是通过句子排序和组句成段这种间接方式来进行测试的。由此我们能够比较明显地看出，此时的托福考试测试内容和测试形式都比较单一。

随着语言理论与语言观的发展，到了 20 世纪七八十年代，也就是托福考试发展的第二个阶段（1977—1986 年），研发人员在对社会需求和可行性进行研究、论证、实验的基础上，研发并实施了托福口语考试和托福写作考试[①]。这三个考试互相补充，共同完成对考生听、说、读、

---

① 托福口语考试（TSE，Test of Spoken English），1981 年正式实施。托福写作考试（TWE，Test of Written English），1986 年正式实施。

写四种技能的测试，测试的目的更加明确，系统性和针对性更强，效度更高。此时托福考试的测评体系更加完善，考试内容也更加综合化。

在托福考试发展的第三阶段（1987—1995年）中，考试的"现实生活原则"（real-life situations）比以往的托福考试体现得更加明显。以听力部分为例，首先，测试内容和语料内容的选择基本上以学生日常生活为基础的原则体现得更明确；其次，在对话或谈话过程中，对会（谈）话人（narrators）的咳嗽、打喷嚏等日常生活中不可避免的自然现象不再避免，而是由会（谈）话人说声"对不起"（I'm sorry）后，对话和谈话继续进行，使考生仿佛置身于现实生活的真实场景中，从而顺利完成对考生听力理解能力的测试。另外，在听力的段落理解和阅读理解部分，加大了对整个篇章理解和推测以及概括能力的考查，提问和设问更多地采用对语言能力整体性测试的特点，也更加凸显了考试内容的真实性和综合化的趋势。

到了21世纪，也就是托福考试发展的第五个阶段（2005年至今），该考试形式由分立式测验改为综合式测验，取消了语法考试，增加了口语考试，考生所说的英语会被当场录音，由电脑进行数字化处理后，通过互联网发到ETS进行评分。整个考试分为听、说、读、写四大部分，全面实行对语言技能的融合测评。尤其是在新托福的口语和写作测试中，应试者必须融合多种技能之后才能答题。[①]

2.2.1.2 雅思考试的测试内容综合化

雅思考试（International English Language Testing System，IELTS）诞生于1978年，是著名的国际性英语标准化水平测试之一。雅思成绩

---

① 新托福口语考试中设有综合任务，任务内容涉及校园和学术话题，考生需要围绕这两类话题，将阅读、听力、口语表达三种能力融合起来作答题目。新托福写作考试中同样设有综合任务，考生需要融合阅读、听力、写作三种能力完成考试。这些测试内容和题型设置方式集中体现了综合化的测试发展思路。

被英国、爱尔兰以及澳大利亚、加拿大、新西兰、南非等英联邦的许多教育机构,以及越来越多的美国教育机构及各种各样的专业组织接受。IELTS 在发展过程中经历了两次重要修订,第一次修订是在 1987 年至 1989 年之间,第二次是在 1995 年。雅思语言测试的修订和改进所依据的理论是交际语言测试理论,该考试注重考查考生对听、说、读、写四种能力的综合应用,考试内容也更倾向于综合性,体现出与现代语言观的发展保持一致的特点。

2.2.1.3 汉语水平考试测试内容的综合化

汉语水平考试(简称 HSK)是专为外国人和非汉族人的汉语水平而设计的一种标准化考试①。汉语水平考试在过去的近 30 年中,大体经历了三个主要的发展阶段。根据孙德金(2009)的界定,第一阶段为初创期(1980—1990 年),当时我国的对外汉语教学主要的教育类型是非学历的汉语预备教育,因此,最早研发的汉语水平测试被称为 HSK(初、中等),测试群体是来华学习汉语一到两年的留学生。研制 HSK(初、中等)是为了通过标准化的考试准确地确定留学生是否达到了结业和进入大学本科学习专业的要求,考试内容集中在对学生听力和阅读方面的能力考查。在第二阶段拓展期(1991—2000 年)和第三阶段改进期(2001—2010 年),随着我国经济水平和对外汉语教学事业的发展,教育类型也随之发生了重要变化,对外汉语教学由最初的汉语预备教育为主转变为汉语进修教育、汉语专业教育和汉语预备教育等多种教育类型并存的格局,特别是汉语专业教育发展尤为迅速,多元化的教育类型对汉语水平考试提出了新的要求。经过几年的努力和论证,截至 1997 年,HSK(基础)、HSK(初、中等)、HSK(高等)三类考试组成了 HSK 由低到高的考试系列,基本满足了各层次汉语学习者的考试

---

① 该考试由北京语言大学(原北京语言学院)自主研发,诞生于 1984 年。

需求。之后在汉语加速走向世界的新形势下，原北京语言大学汉考中心于 2006 年研制开发了针对最低端汉语学习者的 HSK（入门级）考试，满足低水平考生的实际需求。显而易见，汉语水平考试的测试内容融合了听力、阅读、写作和口语表达多个方面，是以交际语言能力测评为理论依据而设计和实施的。

2.2.2 考试种类多元化

在当前形势下，国际、国内研发和实施的语言测试均呈现多种类、多元化的格局特征，旨在满足不同群体对语言水平的考核和鉴定需求。

2.2.2.1 不同考试间体现出的多元化

从测试目的和考生群体来看，托福和雅思考试旨在考查把英语作为第二语言的考生在生活、学习、就业等方面的英语运用能力。"新汉语水平考试（新 HSK）"旨在考查把汉语作为第二语言的考生在生活、学习和工作中运用汉语进行交际的能力。"实用汉语水平认定考试（C.TEST）""商务汉语考试（BCT）"旨在考查考生在商务、贸易、文化、教育等国际交流环境中使用汉语的熟练程度。"来华留学预科汉语综合统一考试"针对特定的高校、特定的专业、特定的生源，旨在为大学本科入学选拔人才。"中小学生汉语考试"旨在考查汉语非第一语言的中小学生在日常生活和学习中运用汉语的能力，以增强考生的自信心和成就感为目标。

从测试功能来看，"实用汉语水平认定考试—C.TEST 口语面试""商务汉语考试—BCT 口试""汉语口语考试（SCT）"都是专门的汉语口语考试，其区别在于考试形式各不相同。C.TEST 口试的形式是面试[①]，

---

① C.TEST 口语面试是国内第一个专门测量母语非汉语者的汉语口语水平的面试型口语考试。在 2012 年之前，C.TEST 口语面试以现场面试为主要形式，由两名面试官同时对一名应试者进行考查与评价。2012 年起，主要以在线远程面试（网络面试）为主，由其中一名面试官对一名应试者主持面试并实时评分，另外一名面试官根据面试录像进行复评。

BCT 口试采用计算机自适应方式进行，SCT 则运用自动信息处理技术考查口语水平。

2.2.2.2 同一考试内部体现出的多元化

在同一大类的考试研发中，根据考生群体与考生需求的不同，同样体现出种类的多元化。其中，雅思考试的多元化设置最为突出，也更体现出考试的人性化设计。雅思考试最开始划分为学术类（Academic Module）和普通培训类（General Training）。学术类雅思考试对考生的英语水平进行测试，评估考生的英语水平是否满足申请本科及研究生及以上学位的要求，适合准备出国留学的人士。培训类雅思考试着重考核基本语言技能，适用于计划在英语国家参加工作或移民，或申请培训及非文凭类课程的人士。2015 年雅思考试进行了改革，增加了两种其他类型的考试：申请英国签证及移民的雅思考试（IELTS for UKVI）和雅思生活技能类考试（IELTS for Life Skills A1/B1 类）。前者是为了满足英国签证与移民局所规定的特殊操作性要求而开设的考试，后者是针对特殊工种的技术移民和其他投资类移民的考试。

可以看出，雅思考试的研发和设计具有很强的针对性，针对不同的目标群体，设计研发不同用途的语言测试，例如学术类雅思考试、培训类雅思考试、英国签证及移民的雅思考试、雅思生活技能类考试，通过多种类型的考试以满足多元化群体的需求。

2.2.2.3 考试技术现代化

考试技术的现代化是伴随着计算机技术的飞速发展而实现的。

（1）托福考试的技术现代化

20 世纪 90 年代，正值托福考试发展的第四阶段（1995—2005 年），考试技术开始显现出现代化的优势。第一、托福计算机考试（CBT）于

1998年出现，在世界上大多数国家和地区取代了纸笔考试（PBT）[①]。CBT不单纯是用计算机来代替纸笔考试的重组形式，它有两种出题方式：因人而异型和直线型。在因人而异型部分（即听力部分与结构题部分），计算机会专门选择一组同应试者水平相当的题。应试者对每一道题的回答都会决定下一道题的难易程度。在这个部分，应试者每次只能看一道题。任何一道题出现在荧屏上时，应试者都必须回答而不可以越过此题或是修改前面做出的答案。第二、在阅读理解考试部分，计算机为每一个应试者选一套覆盖了从易到难各种难度的题。题目选择是随意的，不考虑应试者的能力水平。这个部分允许跨越做题并可返回到或更改本区内前面的答案。

托福发展的第五阶段，美国教育考试服务中心（ETS）于2005年9月向全球推出TOEFLiBT（简称Ibt，Internet-based Test）考试，此考试形式同时在中国全面实施。TOEFLiBT是基于互联网的测试，考生通过处于互联网中的计算机，进行操作并回答问题。考试通过互联网与美国教育考试中心组成一个局域网，为每个考生发出不同的考题，并通过电子方式记录答案后，将答案传输到人工评分网络，予以可观、可靠的评分，从而确保了考试的公平合理。该考试不设题库，考试题目仅使用一次。在托福口语考试中，考生所说的英语被当场录音，由电脑进行数字化处理后，通过互联网发到ETS进行评分。

（2）汉语口语考试（SCT）的技术现代化

汉语口语考试（Spoken Chinese Test，SCT）由北京大学和培生公司（Pearson）协作开发，旨在运用自动信息处理技术测量汉语口语水平。该考试可以在任何时间、任何地点通过电话或计算机进行，而且不需要人工进行评分，自动评分可即时生成客观、可靠的结果，可以说是汉语口语考试领域的一次革新。

---

① 当时纸笔考试（PBT）仍然被亚洲的大多数国家采用。

汉语口语考试（SCT）总时长约25分钟，在计算机或电话上进行。考试共8个题型：声调词语、朗读、重复、问答、声调识别（词）、声调识别（句子）、组句、短文重述，共80道试题。

该口语考试完全利用现代信息技术进行施测和评分，可以说，在口语考试这类主观性考试的客观化操作和评分方面进行了创新性实践。

2.2.4 考试服务人性化

考试具有一定的服务功能，考试服务的人性化具体体现在多个方面。

2.2.4.1 考试设计的完善

关注考试设计的合理性与人性化，关照考生的感受和体验，是考试服务功能提升的重要体现。托福考试在其发展的第三阶段，不仅确保了考试内容效度的合理性，而且更加注重考试的表面效度（face validity）。例如：在听力理解开始部分，将原来过分冗长的赘言和说明取消，直接对答题要求作说明，在考试时间不变的情况下，增加了有效考试时间；同时，在试卷翻页和A、B两部分的过渡和结束时，配上悦耳的音乐，使考生过分紧张的心理得以缓解，让考生的水平尽可能在自然状态下得到发挥。

2.2.4.2 利用新技术发挥多模态优势

21世纪以来的新托福考试使用计算机进行语言测试，其中一个较大的优势就在于阅读测试时字体颜色的区分。计算机测试中，阅读的文章及题目对所要考察的词汇使用彩色阴影（一般是黄色）加以区别，以引起考生的注意；对部分题目中涉及的句子则使用高亮背景（highlight）显示，方便考生在解题时查阅。另外，对题干中的否定词使用大写字母，以尽可能地减少对应试者构成的答题障碍。新托福阅读考试在答题时，题目和文章在屏幕的左右栏中分别显示，可以利用滑块和鼠标上下滑动显示。新托福听力测试在正式测试之前，有一个试听的过程，因为是一人一机测试，所以每一位应试者可以根据自身情况按照显示屏上的说明调整音量的大小，而已经调整好的音量在整个听力考试过程中也可以根据临时需要再进行调整。同时，新托福考试为了方便考生，保留了办公软件（Microsoft Word）中的剪切、复制和粘贴功能。

托福考试研发和实施的发展历程和理论依托，反映出语言测试与现代语言学理论、心理测量学理论以及社会实践等诸多学科之间的协调和统一。托福考试发展至今，尤其是自2006年9月开始实施的新托福，无论是测验的研发设计理念，还是考试实施形式，都体现了交际语言测试理论和现代化网络测试技术的实践和应用，这一点也再次证实了语言观和现代信息技术对语言测试发展的巨大推动力。

2.2.4.3 分数报告和解释的人性化

实用汉语水平认定考试（C.TEST）的突出特点之一是它在成绩报告单和证书上面的创新。C.TEST的个人成绩报告单提供了更多有用的信息，比如应试者本人选择的答案、标准答案以及每个题目的答对率。此外，C.TEST的证书不仅提供了应试者获得的分数和证书级别，还为考生的实际汉语水平提供了诊断性的评价，这将有助于应试者准确认定自己的汉语实际水平。

2.2.5 小结

通过回顾语言能力测试的发展实践历程，现将当前国际语言测试学界现状总结如下：

（1）测试的研发理论方面，依据交际语言能力测量理论，注重对考生运用语言知识进行语言交际的能力进行测量，在测验的设计和研发上，力求设置语言交际的语境和情景，做到真实性和互动性与听说读写语言技能的融合实现。

（2）测试的研发思路方面，探索多元化的研发理念。针对不同群体、不同考试目的研发具有强针对性的语言测试。

（3）增强考试的服务功能方面，测验研发者已经意识到这一来自考生和用户单位的需求，在测验分数的解释上、成绩报告单的详细信息说明上以及为考生提供能力诊断性评价方面都做出了尝试和努力。

（4）现代化计算机网络技术已经逐步应用到语言测试领域。托福大规模考试已实现了计算机网考，汉语口语考试（SCT）在网考方面也做出了革新，雅思考试网考正在逐步试点当中。可以说，利用现代化网络技术进行考试是必然趋势，测验开发者需要认识到这一趋势，并在测试研发当中引入这一重要因素。

2.3 未来语言能力考试的研发思考

基于上述对国内外大规模语言考试的发展历程回顾，本研究认为，未来语言能力考试的研发，以国民语文能力考试的研发为例，应注意深化理论探索、完善测评体系、改进技术手段、增强服务意识。

第一，深化理论探索。不同时期的语言研究和语言观对语言测试的发展发挥了重要作用，语言观的变迁推动语言测试从前科学阶段逐步发展为当前的交际语言测试，实现了科学化的质变过程。进入21世纪以后，语言测试进入以认知语言学、心理测量学、计算机信息技术等为基础的信息化测试时代，语言测试研究的理论基础呈现多样性和多元化特征。国民语文能力测试不仅要学习和借鉴国际著名测试理论，更要立足语文本体特征，构建针对国民语文能力测试的理论体系。同时，测试研发者需要密切关注学科的动态发展，推动语言测试的科学化和信息化进程。

第二，完善测评体系。探索多元化的研发理念是未来国民语文能力测试体系建设的核心思想。针对国民的不同群体、不同考试目的研发具有强针对性的语文能力测试，才能满足不同的需求。从不同的群体角度，可以分为面向基础教育阶段国民的测评、面向高等教育阶段国民的测评等。从不同的考试目的角度，可以分为非选拔性考试和选拔性考试。例如目前国内针对基础教育阶段（四年级、八年级）学生的语文素养能力监测就属于非选拔性考试，而国内的高考语文则属于选拔性考试。只有建立分级分类的测评体系，才能更好地研发和实施国民语文能力测试，更加科学、合理地诊断与评价我国国民语文能力现状，为语文教育的改进和国民语文素养的提升提供全面、准确的反馈信息。

第三，改进技术手段。测验领域的重大变革之一是基于计算机的测验的出现。其优点是测验不受时间和地域限制，测验题目存在测验服务机构的服务器上，通过网络可以传到任何地方，被试随时可以在计算机终端接受测验。

目前，由于题库建设、选题策略等问题，大规模标准化测验还很少使用计算机自适应测验，而大多采用计算机线性测验。建议今后的国民语文能力考试的研发和实施，可以从计算机线性测验开始，随着题库建设的完善以及选题策略的提高，逐步推进计算机考试呈现方式和人性化操作的提升。

第四，增强考试的人性化和服务意识。无论是高风险的选拔性考试，还是低风险的基本素养测评，考试都应具备人性化特征。对此，建议学习和借鉴美国 SAT 考试自 2009 年起实行的"分数选择制"。考生可以根据自身情况和意愿参加任何一次考试，亦可以自由选择将自己的哪次成绩及哪些科目的成绩作为高校申请依据。这种做法能减轻考生心理压力，有助于发挥出考生的真实水平，对于考生正确认识自己的语文素养和语文能力都具有正向的积极意义。

此外，考试还具有服务考生、服务社会的功能，测试研发者有义务向考生和社会提供分数的详细信息以及能力解释。当前《欧洲语言共同参考框架》对划分出的每个等级都做了详细的能力描述（can-do）。实用汉语水平认定考试（C.TEST）设计了人性化的成绩报告单，详细报告考生得分情况，并为考生提供诊断性评价和学习指导建议。实践证明，这些举措均得到考生和用户的欢迎。未来的国民语文能力考试在研发和实施方面还需加强服务意识，尽可能为考生提供解释、诊断、指导和建议等专业化服务。

第三节　大学入学考试中语文测试对比分析与启示

高等教育大学入学招生考试制度决定了大学能够招收到什么样的学生以及培养出什么类型的人才。同时，大学入学考试作为学术评估体系中的重要环节，对基础教育更是发挥着强大的指导作用，极大地影响着基础教育的设计和开展。综观国际上著名的高等教育入学考试，考试体系中均包含对语文能力的测试。我国高考中的语文考试，同样对中小学语文教学起着重要的导向作用。随着"大语文"概念的提出，高考语文的改革也在不断推进。在此背景下，对国外大学入学考试中语文测试的学习和研究将为我国高考语文测试的改进和完善提供有益信息。

3.1　美、欧、日等国的大学入学语文测试简介

本研究将以美国、英国、德国、日本四国的大学入学考试语文测试研发为例进行对比分析。

3.1.1　美国大学入学语文测试简介

美国大学入学考试（American College Testing，ACT）和学术评估

考试（Scholastic Assessment Test，SAT）[①]是美国最具代表性的大学入学考试，也是高中生申请美国大学及其奖学金的重要依据。这两项考试体系中均包含语文测试。

3.1.1.1 美国 ACT 考试中的语文测试

ACT 语文测试包含 ACT 英语测试、ACT 阅读测试以及 ACT 写作测试（选考科目）三种考试。ACT 语文测试包含的三种测验详见表1。

表1 ACT语文测试中的三种测验概况

测验	题数	答题时间	试题形式	具体题型	测试目的	是否必考
ACT英语测试	75题	45分钟	呈现5篇阅读短文，每篇短文后附有15道选择题	（1）改进句子	考查学生是否能够将语法知识转化为清晰、准确、简洁的表达方式	必考
				（2）句子改错	考查学生对语法和固定用法的正确使用程度	
				（3）改进篇章，具体体现为修改句子结构，合并句子，给段落加首句和尾句等	考查学生对修辞技巧、写作策略、组织结构等方面的掌握情况	
ACT阅读测试	40题	35分钟	呈现4篇阅读文章，每篇文章来自不同的学科领域，包括社会科学、自然科学、散文小说、人文艺术	选择题	考查学生的阅读理解能力以及分析、推理、解决问题的能力，这些能力关乎学生在大学、职场及人生中的成功	必考

---

① SAT 考试由教育考试服务处（ETS）组织，ACT 考试由大专院校测试中心组织。

续表

测验	题数	答题时间	试题形式	具体题型	测试目的	是否必考
ACT写作测试	1题	40分钟	呈现1个话题并基于此话题提出的3个观点，考生可以选择一个自己支持的观点进行阐述，或者自己另行提出一个观点加以论述	写作。要求文章表意清晰、逻辑严密、语言标准	考查学生有效表达观点和态度、层次清晰地论证个人观点的能力	选考

3.1.1.2　美国SAT考试中的语文测试

美国SAT考试必考科目——推理考试中包含的循证性阅读与写作，以及选考科目——作文写作都属于本研究关注的语文测试范围。表2详细介绍了该考试的构成情况。

表2　美国SAT语文测试的构成概况

测验	题数	答题时间	试题形式	具体题型	测试目的	是否必考
SAT循证性阅读	52题	65分钟	呈现4篇长文和1对长文对比读，每篇长度为500至750词	选择题。要求学生不仅给出正确答案，还需要在文章中找到能支持该答案的证据	注重考查学生搜集分析证据得出答案的能力	必考
SAT写作	44题	35分钟	呈现一系列句子和段落，或者是图表	选择题、写作。要求学生分析一系列句子和段落，在具体的语境中回答问题；或解读图表并编辑一段文字回答	考查学生搜集分析证据得出答案的能力，以及清晰、准确地转达图表信息内容的能力	必考

续表

测验	题数	答题时间	试题形式	具体题型	测试目的	是否必考
SAT作文写作	1题	50分钟	阅读材料后找到支持论点的证据，通过批判性推理，综合分析材料中的证据并进行论证	写作	更关注学生整体读写能力，包括逻辑思维能力、辩证性思维能力、独立思考能力、论证能力、辩述能力、分析文章能力等	选考

3.1.2 英国大学入学语文测试简介

A-Level 证书考试（General Certificate of Education Advanced Level）是英国高校招生考试。该考试旨在更好地考查学生是否掌握并具备了具体领域的高水准知识以及进行深入研究的能力。

A-Level 考试体系中的语文测试分为两份试卷，分别为阅读后评论测试和写作测试。表3介绍了A-Level语文测试的构成。

表3 英国A-Level语文测试概况

分测验	题数	答题时间	题型	是否必考
阅读后评论	6题	120分钟	问答题。问答题的提问角度多样，包括要求学生对文章风格和语言进行评论，要求学生模仿写作或对文章进行续写（字数要求120～150词）	必考
写作	2题	120分钟	A节：要求学生从4个题目中选择1个题目进行叙述、描写或联想写作（字数要求300～450词） B节：要求学生从4个题目中选择1个题目进行讨论或论证写作（字数要求300～450词）	必考

可以看出，A-Level语文测试注重使用主观性试题，强调对学生深

层次语言能力，尤其是独立思考以及逻辑推理等能力的考查。

3.1.3 德国大学入学语文测试简介

德国大学入学考试（Abitur考试），即为德国中学毕业考试，该考试的实施设计与英国A-Level证书考试有相似之处。德国学生在进入12年级或13年级之前，必须选择5门课程进行选修，其中必须包含德语课程，而德语考试形式则包含笔试和口试。

Abitur中的德语语文考试题目重点考查学生的论述能力和对某一时期文学作品的理解能力，考查考生是否有自己的观点和深度思考，题目没有统一答案，也没有绝对的对错之分。

显然，Abitur中的语文测试几乎没有选择题，考试旨在考查学生的综合理解能力、观察问题的视角和写作水平。可以说，德国Abitur语文测试同英国A-Level考试一样，倾向于使用主观性试题，强调对学生深层次语言能力的理解和运用能力的考查。

3.1.4 日本大学入学语文测试简介

在日本现行的高等教育入学选拔制度下，学生首先需要参加CENTER考试，其中语文测试是必考科目。日本CENTER语文考试包括现代文、古文、汉文三个部分。其中，现代文部分主要以阅读理解为主，古文部分重点考查学生的古典基础知识，汉文部分主要包括对汉文语法、句式以及词语读音知识的考查。

值得关注的是，日本文部省于2017年宣布，日本新型的大学招生考试"大学入学志愿者学力评价考试"将于2020年开始实施，并取代当前的CENTER考试。学力评价考试着重考查学生对知识的应用能力以及学生的思考力、判断力与表达力。考试题型改变以往的选择题题型而引入主观分析描述题。通过学生对材料的思考、判断，从而有效评判学生的表达与交流能力。此外，大学招生考试改革会议强调，大学自主进行的第二次自主学力考试应在"学力评价考试"的基础上增加难度，试题设计应更加关注学生的创造性，引入作答开放、自由的论述题和小论文（王等等，2019）。

为更清晰地呈现上述四国大学入学语文测试的特点，本文梳理了其现行的五种大学入学考试语文测试的主要特征，详见表4。

表4　五种大学入学考试中语文测试的对比分析

考试	国家	测试构成	题型设计	写作
ACT	美国	英语测试、阅读测试、写作测试	选择题、写作	选考
SAT	美国	循证性阅读、写作、作文写作	选择题、写作	选考
A-Level	英国	阅读后评论测试、写作测试	问答题、写作	必考
Abitur	德国	阅读并评论	问答题、写作	必考
CENTER	日本	现代文、古文、汉文	选择题	无

3.2　不同国家之间大学入学考试中语文测试的对比分析

3.2.1　测试理念——能力为先

大学入学考试旨在考查学生的核心学术能力，是高中教育和大学教育衔接上的焦点。为了发挥大学入学考试的衔接作用，本研究所关注的四个国家的大学入学语文测试都在着力考查学生从小到大在语文方面的综合素养，包括基础知识的积累、阅读能力的培养、语言技能的运用等。这些学习能力都是学生进入大学专业领域学习不可或缺的，是大学生深入阅读文献、思考探索、研讨分析、论述阐释的必备能力，这些核心技能和能力在高中阶段得到培养，并将在大学阶段继续使用（邱静远，2014），因此也是大学入学语文测试的重点。

美国SAT和ACT考试各自经过几轮改革和调整后，目前两个考试的语文测试设计出现了一致性趋势，即均关注学生的"学习能力"和

"学了什么",考查学生是否为大学学业做好了知识与技能方面的准备。

无独有偶,英国 A-Level 考试和德国 Abitur 考试既被作为高等教育的入学考试,也被看作中等教育的毕业考试,因此两国的这种证书型入学考试既是一种高中课程体系,起到衔接、过渡中学到大学阶段的作用,同时又具有向下延伸和向上扩展的功能,能够代表多方的利益及其需求。两个考试同样注重学生的综合素质和处理问题的研究能力。

于 2020 年推出的日本新型大学招生考试"大学入学志愿者学力评价考试",进一步强调要了测试学生对知识的应用能力以及学生的思考力、判断力与表达力。

由此可见,四国的大学入学考试语文测试的测试理念日趋一致,都致力于对学生学习能力的测试和评估,以"能力为先"为核心测试理念。

3.2.2 测试内容——读写为主

在具体的测试内容上,以上四国的大学入学语文测试均集中于对阅读和写作技能的测试和融合测评,在对读和写这两种技能的测量中均突出了思辨、论证的要求,其实质是对学生在深层次语言能力的理解和运用方面的考查与评估。从表 4 能够看出,本研究涉及的几个国家在语文测试中,均设置了"阅读测试""写作测试""循证性阅读与写作""阅读并评论",是对读、写技能的高度关注与深层次要求。

在题型设置上,除了写作,在阅读题的作答方面,美国的两种语文测试使用选择题作为主要的考查题型;英国和德国则使用问答题这类主观题型来考查学生的阅读能力;日本最新的"学力评价考试"也加大了主观性题型的比例,从而减少试题的猜测度和答题的偶然性,可以更直观地评判学生的理解和表达能力。

3.2.3 测试对象——各有不同

关于四国的大学入学语文测试的测试对象,可以区分为对象同一化和专门化两类。其中，美国和英国的大学入学语文测试采用同一化的管理模式，考试不仅面向本土学生，同时也面向外国留学生，考试对象具有同一化特征。德国和日本两国的大学入学语文测试，则根据考试对象的不同，进一步细分为面向本土国家学生和面向外国留学生的入学考试，本研究只是针对德国和日本面向本土学生的语文测试进行了简介。

3.2.4 评价与服务

3.2.4.1 提供分数供大学决策

根据对四国的大学入学语文考试的信息梳理，我们能够看到各类考试均设计了各自的分数体系和考核标准，录取成绩的设置则由各高校根据实际需求自行划定。高校在考试成绩的使用和决策方面具有绝对的自主权。例如德国的 Abitur 毕业证书，其成绩全德认可，但是德国的大学没有统一的分数线，各大学、各专业对 Abitur 的分数要求也都不一样。

3.2.4.2 提供多次机会，供学生自主选择

美国 SAT 每年举行 7 次考试，ACT 每年举行 8 次考试。英国 A-Level 每年举行 2 次考试。日本高考也非"一锤定音"，绝大多数院校都是设置了两次考试后进行选拔录取。考试次数和考场的增多，给到考生更多的选择机会，考生可以根据自身情况选择考试时间和考试次数。多数高校允许考生在多次考试后提交最优成绩作为入学申请，为学生提供更多的自主权。

3.2.4.3 提供详细的单科成绩供院校使用

由于各大学对考生不同方面的能力要求不同，不同考试科目的难度也存在着差异，美国 SAT 对各个科目都是单独计分，以客观呈现考生的各个单科成绩，而不同科目的成绩录取标准则由各大学来确定，美国 ACT 以及日本的大学入学语文考试也同样采用此类做法。

3.4 对我国高考语文测试的启示

综合上文提及的国外大学入学语文测试的简介与对比分析，可以明确各国的高等教育在人才培养方面都非常重视考生的语言文字应用能力，以及用语言获取知识表达思想的能力。根据我国目前新高考语文改革的趋势，语文测试应更加突出语文的现实应用性质、文化载体性质、德育性质和审美属性。结合前文梳理，关于我国高考语文测试的研发，本研究得到如下启示。

（1）继续加强对阅读能力的多视角测评

阅读是学生获取知识的重要手段，从美国、英国、德国以及日本的高等教育语文测试设计来看，阅读能力测试均占据重要地位，美国的SAT和ACT考试都将阅读作为一个单独的考试部分，并且在总分相同的情况下，美国大学更倾向于录取阅读成绩高的学生。英国和德国的高考更是以阅读贯穿整个语文测试全卷。我国高考语文测试在阅读理解试题的设计上，一方面应不断完善阅读测试的考查角度，例如理解重要词句、理解归纳内容、鉴赏艺术形式、分析观点态度等；另一方面，在题型设计和提问技术上应实现稳中有变，变中见新。近年来语文阅读测试中的试题会将文学常识、作品内容、主题、写作特点结合起来，将概括主旨和文本赏析结合起来，通过阅读考查学生的知识积累和综合理解能力（上官卫红，2019）。可见，对文本阅读能力的多元化、多视角考查是语文测试的重要手段之一。

（2）突出审美鉴赏、文化传承的核心要义

语文核心素养的培养与考查，不仅体现在对学生的语言建构、思维发展的考查，还应在审美鉴赏、文化传承上有所体现。即通过高考语文的测试，带动日常语文教学，引导学生感受和体验所读作品中的形象美和情感美，培养高雅的审美情趣和高尚的审美品位。同时，在文本阅读中挖掘人文精神，以文教化，培养学生的人文精神。"新课标"要求学生能理解、认同并热爱中华文化，能吸收中华文化的精华，初步形成对个人、社会、国家的思考及认识，增强使命感及社会责任感（应永恒，2019）。这些要求都应落实在日常教学中，并且应在高考语文测试中得到体现和考查。

（3）适当增加主观性试题，体现学生的个性解读

相对于客观性试题，主观性试题能够更为直接和全面地测查学生的语言运用能力，答案具有开放性，更加有利于学生的个性化思考，增强学生的参与和解析意识。在试卷的题型设计方面，一些发达国家的高考语文测试，尤其是欧洲国家的语文考试，普遍倾向于使用主观性试题，引导学生就所读文章展开多角度的深入阐述和推理。这类设计和测试方式虽然在评分效率上略有欠缺，但值得我国高考语文测试研发借鉴与运用，对学生思维、审美的发展与提升具有重要的培养和实践意义。

（4）重视对高考语文的专项调查与需求分析

考试既是测量工具，同时也是社会产品，需要有效地服务于考生和用户。因此，考试的研发和改进都离不开对服务对象的需求调查和相关调研分析。美国 ACT 考试早在 1983 年就对全美高中和大学的教学计划展开了专项调查，并将调查焦点放在了大学学习中所必需的学术研究能力方面。经过调查，ACT 测试目的最终由高中教育达标标准变更为大学所需的学术能力达标标准。这一改革不仅满足大学招生的需求，同时也在一定程度上使学生们明确了奋斗目标，算是一次成功的改革（胡文琛，2018）。无独有偶，美国 SAT 考试同样经历了多次改革，2005 年增加写作测试的改革，就是为了回应来自加利福尼亚大学对学生写作能力欠缺的批评和需求调查（杨光富，2015）。

因此，在我国高考语文测试的发展与改革过程中，进行专项的调查与需求分析是必要的，只有明确高校与学生的需求，才能增强改进的针对性，提高改革的有效性和科学性。

（5）促进语文考试与语文教学的良性互动

考试对教学具有反拨作用，同时，教学对考试有反馈和检验功能。大学入学语文测试应当具有令人满意的预测效度，体现科学合理的选拔

功能。作为高利害考试,我国高考语文测试需要尽最大可能发挥积极、正向的作用,一方面发挥语文考试对课程的引导作用,在科学合理的测试理念下促进中学语文课程的改革;一方面通过制定具体的考试目的、考试内容和评分标准,使语文考试不仅仅是选拔工具,同时也成为语文课程和教学的一个组成部分,与教学形成良性互动,最终培养具备语文核心素养的优秀人才,使学生终身受益。

第四节 我国国民语文能力测评研发初探

4.1 国民语文能力研究

作为对母语进行考查的学科,语文有着非常重要的历史和现实意义。在全球化背景下,各国都深刻认识到母语课程在传承民族文化、培养优秀人才、推动社会发展等方面的重要作用,因此对母语课程更加重视,对母语能力的研究和测评也更加关注。

4.1.1 国民语文核心素养的提出

对国民语文能力的研究,离不开对"核心素养"这一关键概念的解读。2014年3月,教育部发布的《关于全面深化课程改革 落实立德树人根本任务的意见》指出:"教育部将组织研究提出各学段学生发展核心素养体系,明确学生应具备的适应终身发展和社会发展需要的必备品格和关键能力。"

经过一系列调查和研究后,2017年9月,中共中央办公厅、国务院办公厅发布的《关于深化教育体制机制改革的意见》指出:"要注重培养支撑终身发展、适应时代要求的关键能力。在培养学生基础知识和基础技能的过程中,强化学生关键能力的培养。培养认知能力,引导学生具备独立思考、逻辑推理、信息加工、积累学习、语言表达和文字写作的素养，养成终身学习的意识和能力。"同时强调"培养创新能力，激发学生好奇心、想象力和创新思维，养成创新人格，鼓励学生勇于探索、大胆尝试、创新创造"。

对于核心素养的解读和分析，更多地体现在我国高考语文的教学和课程标准设立方面。《普通高中语文课程标准（2017年版）》指出："语文学科核心素养是学生在积极的语言实践活动中积累与建构起来，并在真实的语言运用情境中表现出来的语言能力及其品质；是学生在语文学习中获得的语言知识与语言能力，思维方法与思维品质，情感、态度与价值观的综合体现。主要包括'语言建构与运用''思维发展与提升''审美鉴赏与创造''文化传承与理解'四个方面。"

4.1.2 国民语文能力的界定

国民语文核心素养是借鉴新时代国际教育改革成果而提出来的概念，指学生通过学科学习所应达成的正确价值观、必备品格和关键能力。

董秀英（2010）认为，语文能力是个多维结构，不仅包括语文基础知识（文字、语音、词汇、语法、修辞、逻辑、文体、百科知识等）和基本技能（听、说、读、写），还包括获取知识和技能的智力因素（如观察力、想象力、记忆力、逻辑思维能力等）和非智力因素（如语文学习过程中表现出来的兴趣、情感、态度、价值观等）。

丁金国（2008）指出，语文能力包括接受能力和表达能力。接受是人们对外界知识的吸取过程，是通过听觉和视觉通道来运行的。接受能力主要体现于阅读能力和听说能力。表达是人们对自身内在知识的发送过程（包括对声音和文字两种物质形式的发送）。

崔干行（2006）将语文能力界定为识字、写字、阅读、写作、口语交际等能力。

可以看出，相关专家都将语文能力界定为一个多维度的能力，其包含了多种知识和技能，只有融合运用才能全面发展与提高语文能力。其中，接受能力、知识积累等是产出的必要条件，只有充分地获取知识和技能，才能实现高水平的产出与表达。21世纪以来，社会对人才能力和素养的要求越来越高，语文课程的设置在强化听、说、读、写四大核心技能的同时也扩展了观察、思考、评论三大能力领域，正是为了顺应时代发展，提升人才的综合竞争力而设置。

综合前人研究和我国语文能力核心素养的内涵，本研究将国民语文能力概括为国民在长期的语文学习和语言积累、实践过程中，培养的接受和获取各种知识和技能的各种能力，以及在获取、吸收、积累各种知识和技能的基础上，通过独立思考、逻辑推理、信息加工，产出的语言表达和文字写作能力。

正如立思辰大语文联合创始人赵伯奇指出的："大语文培养的不仅是学生的语言表达能力，还有学生对信息整合、分析的能力，对事对人的同情心、同理心以及对美的欣赏和感受能力，要'语'与'文'并重。"

为明确本研究对国民语文能力的界定，本文归纳、呈现了国民语文能力的内涵，详见表5。

表5　国民语文能力的界定

国民语文能力	接受能力（包含观察、思考能力）	（1）语言知识的积累（包括词汇、语法、逻辑、修辞等）
		（2）通过听、读技能获取知识、提高能力
		（3）获取知识和技能的智力因素（如观察力、想象力、记忆力、逻辑思维等）
		（4）获取知识和技能的非智力因素（如兴趣、情感、态度、价值观等）
	表达能力（包含评论能力）	（1）对语言知识的实际运用
		（2）通过说、写技能对自身内在知识的发送过程
		（3）表达所需要的智力因素（如观察力、想象力、记忆力、逻辑思维等）
		（4）表达所需要的非智力因素（如兴趣、情感、态度、价值观等）

4.2 国民语文能力测评的研发

4.2.1 测试目的与性质

国民语文能力测评应定位为诊断性测试，属于低利害性考试。国民语文能力测试的目的是促进我国国民核心素养的培养，评估我国目前不同年龄阶段的国民的语文能力，从而了解目前国民核心素养培养的现状，为我国国民语文能力的培养和教学提供科学的反馈信息，同时也为我国国民提供有关语文能力和核心素养的诊断信息，最终用以指导国民语文能力的教学与国民语文能力的发展。因此，此项考试不应涉及选拔功能，而应指向国民语文能力的提升与国民核心素养的培养。

4.2.2 测试对象

通过学习和借鉴国际著名的评估项目[1]，国民语文能力测试对象可初步划分为中小学义务教育阶段的国民、高中毕业即将进入高等教育阶段的国民、大学毕业即将完成本科教育阶段的国民三大群体，其中义务教育阶段国民语文能力的评估集中于四年级（10岁左右）[2]和八年级（14岁左右）。本研究认为，以上四个阶段的国民具有一定的群体代表性，能够在一定程度上体现我国不同教育阶段国民的语文能力以及核心素养的培养情况。

4.2.3 国民语文能力的操作性定义

国民语文能力测试的研发，离不开对测量对象的操作性定义。从教育的角度来看，对人的教育最根本的是读写能力。因为在现代社会，几

---

[1] 例如 PISA 等国际性评估项目。PISA（Programme for International Student Assessment）是一项国际化标准评估计划，由经济合作组织统筹其成员国及其他一些国家共同开发。
[2] 以四年级学生阅读素养为评价对象（年龄在 9～10 岁），是因为这个学段处在阅读的关键期，学生正由学习阅读转型为通过阅读来学习。

乎所有的知识都存在于语言之中，即便是口头传授的经验，其内容本身也会受到语言表达的影响（陈文存，2017）。能够准确地表达自己，是不容易做到的，这其实是国民核心素养的重要体现。基于以上分析，本研究将国民语文能力总括为接受能力和表达能力，则需要对接受能力和表达能力进行操作性定义，用以实现对国民语文能力的测量。

4.2.3.1 接受能力的操作性定义

本研究对接受能力的操作性定义主要聚焦于对阅读能力和阅读素养的考察。我们赞同PIRLS（2011）的研究，将阅读素养界定为，个体理解和运用社会所需要的或个人认为有价值的书面语言的能力。读者可以通过阅读进行学习、参与学校和日常活动，建构各种文本意义，并乐在其中。

根据上文对测量对象的划分，对阅读能力的考查又可细分为义务教育阶段国民的阅读能力考查、高中毕业阶段国民阅读能力的考查、本科毕业阶段国民阅读能力的考查。

4.2.3.2 表达能力的操作性定义

本研究对表达能力的操作性定义主要聚焦于对写作能力和写作素养的考查。写作不仅是一种语言技能，更是人文素养的一种重要体现（陈文存，2017）。

根据NAEP[①]（2011）的研究成果，写作是一个复杂的、多层面的、充满目的的交流活动，是写作情境需求（目的、对象等）与作者为了完成写作任务、适应阅读需要所采取的行为之间的协调和统一。清晰的表达和有效的观点陈述有赖于作者聚焦和组织信息、正确运用语言的能力。

具体到不同年龄段，国民群体的表达能力测评可以进一步细分为义务教育阶段国民的写作能力考察、高中毕业阶段国民写作能力的考察、

---

① 美国国家教育进展评估（The National Assessment of Education Progress，NAEP）也被称为"国家教育报告卡"，它是了解美国中小学生知识和能力的大型国家级成绩测量体系。

本科毕业阶段国民写作能力的考察。

4.2.4 国民语文能力测试的测量内容

根据我国对国民核心素养和语文能力的培养目标，国民语文能力测试的设计要突出语文的综合性、应用性和基础性，突出能力和素养立意的命题指导思想（张开等，2017）。

4.2.4.1 国民语文能力阅读素养的测量内容

NAEP 认为，阅读是一个动态的、复杂的认知过程，它包括：理解书面文本，发展和解释意义，恰当地运用意义来满足不同的文本类型、阅读目的和阅读情境的需要。

PISA 对阅读素养做了如下界定：阅读素养是为了实现个人发展目标，增长知识、发挥潜力并参与社会活动，而理解、运用、反思书面文本并参与阅读活动的能力。对此，本文将从以下三个方面做进一步的阐明。

（1）阅读材料（阅读内容）

虽然电视、电影这些流媒体材料的出现，极大程度上丰富了我们获取信息的途径，但书面材料作为最重要的信息传递载体，始终具有不可撼动的绝对地位。PISA 测评中的书面材料种类较广，包括印刷的、手写的、网络技术呈现的电子材料；形式上也可以是直观的材料，如表格、图片、地图和图表，这些直观材料可以独立出现，也可以穿插于连续文本中呈现。阅读材料也包括新型的电子文档，但有些电子材料在结构和格式上与普通书面材料不同，因此要求学生采用不同的阅读策略。

（2）理解、运用和反思（阅读要求）

理解是阅读的基本要求，对于给定的材料首先要在字面上弄懂含义，不误解其表述的意思。运用是对材料能灵活应用，这也是对材料掌握熟练程度的一种度量。上面提到的理解和运用通常在对阅读素养的界定中都会提到，这两项是对阅读能力的基本要求，也是测试的主要内容。反思则要求学生不仅要关注文章的内容，还要应用他们已掌握的知识理解并反思文章的结构及形式。其目的是强调阅读是一种交互的过程，即阅读者必须从材料中提炼出自己个人的观点和体验。

（3）开发知识、潜能和社会参与（阅读目的）

这主要体现了阅读素养发挥作用的各种情境，从个体到公共，从学校到工作，从终生学习到公民的权利和义务等。"学生为实现个人目标，开发知识、潜能"，指出阅读素养有助于实现个人理想，既包括确定的理想如毕业或找到工作，也包括有利于充实个人生活和终生教育中较不确定或较间接的理想。"社会"主要指经济、政治生活及社会、文化生活。"参与"则包含着人们为社会做出贡献和满足个人需求，它既包括了社会的、文化的和政治的约束，也包括了取得个人成功、解放的关键性含义。

综合上述国际大规模阅读素养测评项目的研究成果，本研究认为，我国国民语文阅读能力的测评，需要从阅读理解层次、阅读文本两个维度进行测评体系的建构，详见表6。

表6 我国国民语文阅读能力的测评体系框架

维度	具体体现	题目类型
阅读理解层次	阅读概括能力	
	阅读分析能力	
	阅读联想（联系）能力	
	阅读评价（反思）能力	
阅读文本	文学体验	文学类文本（小说、故事、诗歌、戏剧、传说、传记、神话、民间故事等）、论述类文本、古代诗歌（文言文、古诗词等）
	获取信息、知识	资讯类文本（信件、表格、图表、杂志新闻等）、科学研究类文本（研究报告、论文、实验数据等）
	完成某项任务	读懂各类通信工具时刻表，修理、安装物件的说明书，各类规定，填表说明，查阅地图等

4.2.4.2 国民语文能力写作素养的测量

本研究认为，写作作为表达能力的重要体现，实现交流目的是写作核心素养的体现。要实现交流的目的，需要从观点的展开、观点的组织和语言的流畅与规范几个方面来实现，详见表7。

表7 国民语文写作能力测评内容

维度	具体构成
观点的展开	深度和复杂性
	构思和写作的方法
	细节和例子
观点的组织	文本结构
	连贯性
	重点论述
语言的流畅与规范	句子结构和句子多样化
	词语的选择
	语态和语气
	语法、惯例和技巧

根据上述对国民语文写作能力的测评框架，结合当前国际著名评估项目的研究成果和实施现状，本研究认为，写作能力的测试采用给材料写作的方式更为妥当。给材料作文，就是给出一段或多段材料，让学生根据材料内容自由选择角度、确定立意、明确文体、自拟标题进行写作。学生在审题构思时，必须充分运用发现问题、分析问题、解决问题的能力。给材料作文允许学生在写作视角上仁者见仁、智者见智，给学生写作提供更多的自由空间，具有很好的测试效度，对核心素养的培养也有非常积极的后效。

4.2.5 国民语文能力测试试卷的组成与题型设计

国民语文能力测试试卷拟由阅读理解和写作表达两大部分组成。

题型设计方面，建议采用优质传统题型，即不追求题型的新颖度和创新，而是采用为绝大多数国民所熟悉的题型作为测评手段。其中，阅读理解测试除保留一定比例的客观性选择题外，建议适当增加开放性试题。开放性试题实际上是相对于封闭性试题而言的。一般情况下封闭性试题答案固定且明确，但是开放性试题一般具有问题开放性、问题解决方法多样性，以及答案不唯一等特点。开放性试题的一系列特点，能让学生有机会展示与众不同的问题解答思路和过程，有利于完善学生的认知结构，更好地培养学生的独立思考、探索精神和创新意识，同时能激发学生的学习兴趣，转变学习方式，根据自己的学习基础有更快更好的发展。因此，开放性试题在考查学生语文核心素养方面具有独特的优势。

写作表达的题型，则倾向于上文提到的给材料写作形式，学生通过阅读给出的材料，在理解、思考的基础上通过写作进行信息的产出与表达，是对语文能力和核心素养的融合考查。

4.2.6 关于国民语文能力测试评价体系的思考

目前，我国国内存在一些针对某一特定语言能力的母语者开发的测验，比如普通话水平测试（PSC），它重点考查应试者普通话的标准程度和熟练程度，能力标准划分为三级六等；再比如职业汉语能力测试（ZHC），它重点考查的是被试的语言交际能力，它的语言能力划分是按被试考试分数划分三个等级；还比如汉字应用水平测试，它考查的是被试的汉字能力，也是按照三个等级划分的能力标准，但是这些考试都以散在的方式存在，没有统一的能力标准加以指导和规范，因此相互之间不具有可比性。

关于我们有待开发的国民语文能力测验，可以考虑建立分级分类的测评体系，以实现不同等级考试之间的可比性。目前《欧洲语言共同参考框架》(Common European Framework of Reference for Language,

CEFR）是全欧洲的一个共同参考基础，CEFR 把学习者的能力水平分为三等六级，并配套研发了相应的测试。日本语能力测试（The Japanese-Language Proficiency Test，JLPT）是对日本国内及海外以母语非日语学习者为对象，进行日语能力测试和认定，该考试被分为 N1、N2、N3、N4、N5 共 5 个级别，并对应研发 5 个级别的考试。我国国民语文能力测试的测评体系，则需要在充分调研和论证的基础上建立。

4.2.7 国民语文能力测试技术手段的设计

测验领域的重大变革之一是基于计算机的测验的出现（computer-based test，CBT）。基于计算机的测验的优点是测验不受时间和地域限制。题目存在测验服务机构的服务器上，通过网络可以传到任何地方，被试随时可以在计算机终端上接受测验，而不必像传统笔试那样，所有被试都要在指定时间到指定地点去。

根据测验题目呈现的方式，CBT 可以分为四种方式：线性（linear）、随机（random）、自适应（adaptive）、模拟（simulation）。目前，由于题库建设、选题策略等问题，大规模标准化测验较少使用计算机自适应测验，而大多采用计算机线性测验。

国民语文能力测试的实施，可以从计算机线性测验开始，随着题库建设的完善，以及选题策略的研发能力提高，逐步推进计算机考试呈现方式的提升和人性化。

4.2.8 国民语文能力测试服务意识的增强

由于测试具有服务考生、服务社会的功能，所以测试研发者有义务向考生、社会及用户单位提供分数的详细信息以及能力解释，国民语文能力测试的研发和实施同样需要具有服务意识。

当前的《欧洲语言共同参考框架》（Common European Framework，CEFR）对划分的三级六等中每个等级都做了详细的能做描述（can-do）。实用汉语水平认定考试设计了人性化的成绩报告单，在报告单上详细报告考生的得分情况，并对考生的汉语水平进行量身定做的诊断性评价，对考生的汉语学习提供指导性信息。实践证明，这些举措都得到了考生和用户的欢迎和好评。

4.3 对我国国民语文教学的启示

在当前注重人才培养和人才竞争的时代，母语教学的改革和母语能力测试的研发成为研究的热点，也成为各国教育战略发展的重要方针。在此背景下，我国于近年来陆续颁布的《关于深化教育体制机制改革的意见》《普通高中语文课程标准（2017年版）》等文件，也切实体现了对国民语文能力、核心素养培养的关注与重视。通过查阅相关国际语文能力测评的文献，本研究在考虑我国国民语文能力测试研发的各项环节设置的同时，梳理了国外母语教学的发展态势，其中一些理念与改革经验可供我国国民语文教学研究参考，希望对我国国民语文教学有所启示。本研究认为，我国国民语文教学需要注重国民语文能力培养的综合性、国民语文能力发展的可持续性、国民语文学习情境的多样化、国民信息获取的多模态化以及评价制度的人性化。

4.3.1 国民语文能力培养的综合性

纵观近年来国际著名语言测试和母语能力评估项目的发展趋势，可以总结出当前国际上对学生母语能力（含语言能力）的界定与考查，更多地从技能融合的角度展开，不再细化为单独的听、说、读、写四项技能，而是根据实际学习和交际需求，从技能综合运用的角度，考察学生阅读、观察、思考、表达、评论等接受与产出的语文能力。这些培养和考查视角既离不开四项技能的运用，又强调了综合、统一的重要性，因此，综合性培养是必要的，也是必需的。

4.3.2 国民语文能力发展的可持续性

母语教学离不开基础知识的传授，学生也需要深厚的知识积累和储备。正因为充分认识到这一点，国际上很多国家（如英国、德国、日本等）在母语教学中非常重视基本知识和基本技能、策略的传授，崇尚"授之以渔"的教育理念，引导国民在母语学习中学会技能和必要的学习、应用策略，为今后自主学习、终生学习打下基础。我国国民语文能力教学同样也在这方面有所设计和实践，学生不仅要掌握汉语基本的词汇、语法，还需要学习语用等表达得体性等方面的技能与策略，体现了对学生长期可持续发展的学习能力的培养理念，这一点也是非常正确的。

4.3.3 国民语文学习情境的多样化

学习材料是国民语文学习的基础和支撑，语文教学的开展离不开创设各种学习情境、提供多样化的学习资料，模拟多种生活、学习、工作场景下需要接受和产出语文能力的条件。因此，学习情境的多样化是非常关键的。例如在阅读方面，阅读文本的选取就充分体现了多样化的要求，文学类文本、资讯类文本等都应呈献给学生阅读，而非单一的某一种文体模式。在写作表达方面，美国强调"通过写作实践来获得进步"，澳大利亚要求学生"能够以富有表现力、富有思想性的语言进行广泛的写作"，加拿大提出"能够运用多样化的文本形式独立或合作创作文本"。我国目前的国民语文写作能力培养和测评，也都需要学生基于一定的背景信息和思考，选取角度以完成写作，而非整齐划一的标准化要求，同样体现了多样化的设计与风格。

4.3.4 信息获取的多模态化

随着现代科技的迅猛发展，母语教学与信息化技术的关系日益密切。在国民语文教学的课程设计、教学实施等方面都需要与信息技术相融合，充分发挥信息技术的独特优势，在多模态化的信息获取途径方面跟上时代步伐。例如，教师通过电子媒体、平板电脑、慕课等形式为学生进行教学和课程反馈，学生也可以在线完成相应的阅读和写作练习。同时，计算机信息处理能力还可以对学生的作答和反馈进行大数据的分析和诊断评价，为教师和学生提供更多详细的作答参考信息和基于大数据分析的诊断性建议。可以说，信息化与语文教学相结合是大势所趋，同时也是对语文教学提出的新时代要求。

4.3.5 评价制度的人性化

教学评价具有诊断的功能，是教学环节中必不可少的重要环节。为了确保公平性，同时保护学生的学习热情，国际上很多国家都采用了人性化的评价体系，例如，英国的母语教学评价形式多种多样，考虑到了教学中的方方面面；美国的母语教学评价强调过程性，注重学生学习的每一个阶段和环节的表现；韩国的母语教学则更为重视学生学习的动机和态度，关注学生主动参与和主动学习的素养。可见，人性化的评价体系需要更多地从学生学习和发展的角度出发，目的在于激发学生的学习热情，促进学生学习的长期有效发展。

第五节 本章小结

本章通过梳理不同时期的语言测试理论与实践发展概况，以及国外大学入学语文测试的简介与对比分析，可以明确国民语文能力的提升、国民核心素养的培养是当前世界各国国民教育的重要组成部分，各国的高等教育在人才培养方面都非常重视考生的语言文字应用能力以及用语言获取知识表达思想的能力。本章对国民语文能力测试的性质与目的、测试对象与群体、国民语文能力的操作性定义、测量内容、测试试卷的组成与题型结构、评价体系的设计、测试方式信息化以及考试服务等方面进行了初步探讨，并提出我国国民语文教学应注重国民语文能力培养的综合性、国民语文能力发展的可持续性、国民语文学习情境的多样化、国民信息获取的多模态化以及评价制度的人性化。

第七章

现代测评技术在国民语文学习与测试中的应用

第一节　引言

阅读教学作为小学语文学科教学的核心环节，要发挥其培养学生语言、文字的运用能力，为其他学科打好基础的作用。评价是阅读教学中的重要环节，能够衡量教与学的质量。然而，受现阶段技术水平的限制，很难在以教室为主阵地的教学活动中收集到足够丰富、精细和客观的数据来评价学习者的阅读水平，在阅读能力评价方面存在着严重的不足。

随着计算机技术的迅猛发展，在线阅读测评是在语文学科与信息技术融合的环境下产生的一种评价模式。相比于传统的阅读测评或阅读教学课堂，在线阅读测评不仅吸收了传统阅读测评的优势，而且引入了信息技术，发挥机器自动评分的先进优势，注重形成性评价，记录整个测试过程，发现阅读行为问题并及时生成评价，给予学生个性化的辅导。相应地，基于人工智能的主观性测试机器评分也得到关注和长足发展。

本章首先探讨了在线阅读测评对小学生阅读教学的影响，基于传统阅读教学存在的弊端，以信息技术与阅读能力测评相融合为着眼点，从完善阅读评价方式、改善阅读教学策略与培养小学生数字化阅读素养三个角度对现代化在线阅读测评技术进行了分析。同时，通过梳理语文能力测试中的人工智能评分系统的评分技术与应用情况，我们发现当前人工智能评分技术已取得了很大的发展。人工智能评分可以辅助人工评分在阅卷中起到质量监控的作用，成为本课题不可或缺的研究内容之一。

第二节　现代化在线阅读测评技术对小学生阅读教学的影响

2.1　国内外现代化在线阅读测评技术概述

在线阅读测评是在语文学科与信息技术融合的环境下产生的一种评价模式。相比于传统的阅读测评或阅读教学课堂，在线阅读测评不仅吸收了传统阅读测评的优势，而且引入了信息技术，发挥机器自动评分的先进优势，注重形成性评价，记录整个测试过程，发现阅读行为问题并及时生成评价，给予学生个性化的辅导。

国外在线阅读测评系统起步早，发展也较快。1985年美国启动的2061计划便体现了阅读教学与信息技术结合的思想。尽管目前大多数阅读测评项目仍是纸笔测试，但不少项目已经或即将把计算机化测评纳入其中。例如，国际学生评估项目（PISA）于2009年开展在线测评，在测量工具中系统地纳入电子化阅读文本，并深度关注技术对阅读认知过程、阅读策略产生的影响（叶丽新，2018）。随着对数字化阅读素养的重视，在线测评可以提供良好的测试环境，更有效地考查学生查找信息、整合信息、评价信息等数字化阅读能力，而不会被有限的文字和纸面限制（乐中保，2008；关璐佳，2019）。国际阅读素养进展研究（PIRLS）在2016年首次推出基于互联网环境的信息性文本在线阅读测评，旨在评估以学习为目标的在线阅读是否能够实现对学生从互联网上获取和使用信息的能力的测评。测试重点主要为信息定位能力、源评价能力、多文本处理能力、非连续性文本阅读能力、意义建构能力、自我监控能力以及问题生成能力（杨清，2012；张所帅，2016；邓敏，2018）。

虽然国内在线阅读系统与国外相比少之又少，但这一趋势已初步显露。"在线阅读能力测评系统"是由国家数字化学习工程技术研究中心基于调研需要研发的软件，可以实现课内阅读的在线测评，研究团队根据这一系统进行了一系列的阅读能力在线测评研究。"在线阅读能力测评系统"能够为用户提供随机选题，将3篇文章自动组成试卷，覆盖18个阅读能力方向，全面考查学生的阅读能力。测试模块符合小学生的操作习惯，尽可能模仿纸笔考试的流程。考试结果可从多方面进行分析及可视化展示，例如能力方向情况分析、成绩分布分析、多次考试趋势分析以及整个班级和个人的分析报告等，并能及时将分析结果发布给学生和教师。此外，在线阅读测评技术手段能够收集学习者在学习过程中的数据，为今后的课业评价提供新的可能和方向。

由于课外阅读具有更多的自由性和随意性，加之课外阅读测评体系还不完善，因而教师无法把握学生对课外阅读任务的完成情况。针对这些问题，在线阅读测评技术也逐渐拓展到课外阅读教学领域。例如，广东省教育资源"一起阅读"平台是为辅助推进学生课外阅读教学，借助互联网、云计算及大数据信息技术，专为小学师生设计的儿童文学阅读教学管理与评测软件系统；"悦读家园"网是课外阅读的测评平台，教师可以通过这一平台为学生推荐合适的书籍并布置任务，学生完成任务后可由系统进行评价。课外阅读在线测评系统的发展，能够有效解决实际语文教学过程中测评环节没有受到足够重视的问题，将课外阅读教学提升到有计划的积累性阅读和赏析性阅读层面。

2.2 在线阅读能力测评技术对小学生阅读教学的影响

2.2.1 全面评估，完善评价方式

2.2.1.1 课内阅读能力在线测评

课内阅读是小学语文教学的重要范畴。目前课内阅读能力测评主要

通过纸笔测验来考察学生的阅读能力，教师对于学生在测验中表现出来的阅读能力往往只是通过对阅读成绩的粗略估计，而无法从不同的阅读能力维度上对每位学生的表现进行细致分析，对学生之间的语文阅读能力差异也只能依靠主观判断。目前，国内对在线测评的研究正处于初步发展阶段，阅读能力在线测评技术开发少，应用范围较窄。基于小学语文阅读能力评价系统所进行的系列实证研究结果来看，课内阅读能力在线测评系统能够结合教育信息化的特色，将信息技术融入语文阅读评估中，以全新的在线测评方式评价学生的阅读水平，获得对学生阅读的全面评估（李毓秋，2003）。

王金凤（2017）利用在线测评系统，对四年级两个平行班级进行了横向的阅读能力比较，并对班级内部各段学生的阅读能力差异进行了分析。借助可视化的技术，对阅读能力的评价能够将定性评价和定量评价结合起来。在定量评价上，系统采用统计打分及可视化雷达图呈现等方法，对学生六个面向的阅读能力进行强弱呈现；在定性评价上，系统运用六乘八的逻辑方法对六个阅读能力及十八个阅读子能力进行质性评价，即每一个能力方向，其三个子能力有对错之别，有六种排列方式，一套题考察十八个能力，故有六乘八种评语。通过系统所提供的学生整体测试成绩的分析、测试时间整体分析以及阅读子能力方向的分析，结合对师生的问卷调查结果，可以发现，在线阅读能力测评能够为师生提供及时反馈，对教师更加全面地了解学情，打破传统固态认知，具有重要的意义。薛树敏（2017）通过小学语文阅读能力评价系统，对四年级和五年级学生进行阅读能力测试，以性别、年级、能力将学生分组，发现各组别学生之间的确存在阅读能力差异，以此提出了针对性的教学建议，协助老师针对不同学生进行个性化教学。

2.2.1.2 *课外阅读在线测评*

随着新课程改革的深入，重视课外阅读、将课内与课外沟通，越来越受到语文界乃至整个社会的认同与关注。信息技术和阅读教学进行深层次的融合，使用在线阅读能力测评技术，可以为学生提供与课外阅读任务相关的测试，辅助课外阅读教学与评价。聚焦基础教育阶段的语文课外阅读教学，可以利用数字化课外阅读平台以破解长久以来小学语文阅读能力评价及课外阅读教学中存在的现实问题，提升课外阅读教学的效率和质量，促进学生阅读能力的提高，帮助教师有效地掌握学生的课外阅读情况，从而开展适当的课外阅读教学，同时在多种评价机制的作用下激发学生的阅读兴趣。

课外阅读在线测评平台"一起阅读"能够提供知识性和趣味性相结合的答题闯关、阅读数量统计排行榜和荣誉等级，有助于调动低年级学生阅读的积极性（叶玉华，2019）。刘淑晶（2015）利用"悦读家园"全在线阅读测试平台对学生进行网上在线阅读测评，让学生阅读完一本书就可以在平台上进行相关的测评，试题库随机为学生匹配定量的测试题目，分别从认知力、理解力、分析力、创造力与应用力评鉴等五个维度对学生的阅读情况进行评价，测评结果会及时反馈、更新，并为学生的阅读进度和测评情况进行自动累计积分。研究发现，这种恰当的评价激励与反馈方式可以使学生积极地参与到在线测评中来，帮助学生通过测试学习训练的模式找到自己的阅读能力弱项并加以训练，还可以辅助教师从系统给出的反馈和训练结果中掌握学生的阅读能力状况。此外，在线阅读测评技术的进步为阅读教学提供了更为客观准确的阅读评价标准，帮助教师提供个性化教学，使学生在阅读能力和表达能力上也有一定的进步（苏敏华，2015；谭嘉敏，2015；杨美金，2015）。

2.2.2 过程评价，改善教学策略

传统的纸笔测试侧重于对学生阅读成果的评价，而无法对学生阅读过程中的行为、方法、策略进行评价。在线测评能够记录学生的在线阅

读行为，观察学生在阅读过程中所使用的阅读策略，比较不同群组学生在测评行为模式上的差异，从而给予个性化的辅导。此外，通过学生的行为评价结果，可以了解不同群组在测试过程中存在的个别差异，从而帮助教师更准确地把握学情，继而帮助教师有的放矢地开展教学活动，调整阅读教学策略，提高学习者的能力；帮助学习者了解自身存在的问题，继而促使其采用积极有效的措施，提高自身的能力。例如，韩小雪（2018）利用小学语文阅读能力评价系统平台记录学生的行为数据，从行为视角量化学生在阅读测试过程中的行为模式，将学生按照性别、成绩划分组别，分别从行为频率分析、测评行为模式、时间指标等三个方面对不同组别学生之间存在的差异进行比较，研究结果表明，不同组别的学生在使用标记功能的次数、选择选项的次数、阅读文章的时长等阅读行为模式上均存在差异。邓宣（2018）基于在线阅读测评系统诊断学生阅读能力的强弱，认为在线阅读测评有利于激发小学生阅读的兴趣并提高小学生的数字化阅读能力，也有利于学生个性化学习、教师因材施教，给予阅读策略指导。

2.2.3 面向时代，培养数字化阅读素养

数字阅读是指阅读的数字化，即使用数字设备阅读以语言符号为主的数字文本内容，包括阅读对象的数字化和阅读方式的数字化。随着互联网技术的迅猛发展和移动终端的不断普及，数字化阅读在人们的学习、工作和生活中起着越来越重要的作用，数字化阅读技能被认为是现代社会的学生必备的"新阅读技能"，注重对学生数字化阅读素养的培育已成为阅读教育改革的重要趋势（李刚，2020）。研究发现，学生在使用不同媒介进行阅读时所表现出来的阅读能力和阅读习惯均存在差异。对于同一阅读材料，数字阅读相比纸质阅读更倾向于跳读和略读，在理解认知和长期记忆方面，数字阅读的表现也不同于纸质阅读（袁曦

临，2015）。因此，如何设计在线测评，评估学生的数字化阅读素养，从而为阅读教学提供指导显得十分重要。

通过数字化阅读能力的评价，可以发现学生在数字化阅读中存在的问题，探究出现这些问题的原因，可以为数字化阅读的教与学提供有针对性的补救措施（石小恋，2017）。但是在目前国内的相关研究中，数字化阅读能力的测评还处在探索阶段，研究者大多通过分析现有在线阅读测评的数据，为我国中小学阅读教学提供建议。肖林（2017）以PIRLS2016样本试卷为测试卷，探讨了小学生阅读素养的影响因素；陈纯槿等（2016）基于PISA对中国上海、中国香港、韩国、日本及新加坡学生的测试数据，从教育生产函数的研究视角探讨了信息技术应用对学生数字化阅读成绩的影响；姜洪伟等（2019）以prePIRLS2016为蓝本，设计开发了中文版在线阅读测评系统，发现被试儿童在线阅读能力与国际水平相比，还存在相当大的差距，被试儿童的在线阅读能力普遍低于纸质阅读能力。信息性文本在线阅读测评将进一步弥补我国小学阅读教学的短板，培养小学生在互联网上定位和使用信息所需的导航技能和阅读策略，以及使用在线功能查找网站内的信息以及自我监管的能力，进而提高数字化阅读素养。

2.3 发展趋势与研究展望

随着信息技术与学科教学的深度融合，在线阅读测评可以为阅读教学提供新的指导方向。在线测评不仅是测评媒介变化的体现，也是时代发展对阅读教学和阅读能力测评的要求有所变化的体现。目前，国内对在线阅读测评的研究不足，在线阅读测评技术的使用受限，国内研究者对于数字化阅读能力评测的研究还处于对国外测评项目进行分析的阶段。此外，在线阅读能力测评本身也还有进一步研究的空间，例如阅读文本的呈现方式在物理可读性等方面对测评结果的信度和效度产生何种影响。总之，对小学生在线阅读测评的研究应当继续深入，开发多种形式的在线测评技术，在实践中实现在线阅读测评技术的积极作用最大化。

第三节　语文能力测试中的人工智能评分研究

3.1　人工智能评分技术的发展前景

语文能力指运用语言文字进行交流的能力。它包含多个方面，如阅读理解能力、基础知识运用能力、表达能力以及口语交际能力等。在我国，对于语文能力的考查主要在义务教育阶段，其中利害性最高的两次测试分别是中考与高考，且语文测试在总分中的占比较大。以高考为例，考试为纸笔测试，测试形式有选择、填空、阅读理解及作文，通过这些题型可以考查考生的基础知识运用、阅读理解等能力。其中，作文作为考察综合能力的题型，由于其分值占比大，因而也是语文能力测试中最受人重视的。对于语文口语交际能力，我国目前还没有面向以汉语为母语的语文能力口语测试。在语文能力测试中，传统的人工评分费时费力，且对于作文这一类主观题，评分员在把握评分标准的基础上进行评分，在评分过程中带有一定的主观性，因而在紧张的阅卷过程中，容易出现评分宽严度不一致及趋中评分等问题，以致误差较大，影响评分的信度和效度。

随着科学技术的发展，人工智能在生活中的运用越来越广泛。近年来，人工智能技术也逐渐被运用到考试评分中。人工智能评分即机器评分，把计算机作为评分员。在使用时，首先要对考生作答内容进行全方位的识别与转写，然后运用人工智能的方法，在深度学习评分标准的基础上，通过评分模型识别作答文本的关键特征并自动对答题内容进行评分。

在语文能力测试中，客观题已经实现了机器评分，考生将答案填涂到答题卡上，机器便可直接给出最终的分数，大大节省了阅卷的人力、物力和财力，提高了评分效率。但是主观题的智能评分还未普及，应用并不广泛，其主要原因在于主观题评分对人工智能评分技术的要求更高。对主观题进行评分，需要许多关键技术的支持，如文本识别技术、词切分技术以及特征识别技术，其中，因为作文的评分标准复杂，所以其对评分技术的要求更高。

近年来，在学者的努力下，汉语词切分技术日益成熟，为人工智能评分技术的发展与应用打下了坚实的基础，对计算机自动评分的研究也逐渐增多。研究者们既关注评分技术的改进与完善，也不断探索评分技术与评卷方式的深度融合，以提升阅卷的效率与质量。本文通过梳理语文能力测试中的人工智能评分系统的评分技术与应用情况，探讨了人工智能评分在语文能力测试中的问题与发展趋势，并对未来该领域的发展提出了几点建议。

3.2 作文自动评分技术与应用

语文测试中，由于作文的分值比重大，且评分过程复杂，对评分员的要求高，因而研究者多关注作文的评分技术。以高考作文为例，作文的评分点有内容、表达及特征三方面，其中的评分标准有文章结构、语言、文采、论点及中心思想等方面。传统的评分方式是评分员在把握评分标准的基础上，依据整体印象对作文评分，评分结果受主观性因素的影响，容易产生误差。使用人工智能评分技术可以更客观地对作文评分，但是，作文评分指标复杂，要想实现人工智能评分，需要突破许多关键技术，并检验应用效果。为了发展人工智能评分技术，学者们围绕作文评分特征研究评分算法及人工智能评分的关键技术，训练评分模型，将人工智能评分结果与人工评分结果进行对比，检验其应用效果。在实际应用中，研究者将人工智能评分技术与网上阅卷模式相结合，探索评分技术的应用方式。

3.2.1 作文特征识别

当前，人工智能评分多应用于作文评分中。实现人工智能评分，需要将抽象的作文评分指标转化为科学的、能被计算机识别的指标。一些学者围绕不同的评分标准，如词汇、修辞、文采及其他多维度特征探索评分技术，研究人工智能评分的算法，构建评分模型，使其能精准识别作文中的评分特征并进行评分。

彭星源等（2012）研究了通过作文词汇评分来实现汉语作文自动评分的新算法，研究结果显示该方法是有效的，其已经接近于人工作文评分的相关度。但是词汇评分仅仅是作文自动评分的一个方面，将来，可以继续从作文的语言、条理、内容三方面进行探索，从更加丰富而综合的层面进行作文自动评分的研究。

巩捷甫（2016）围绕修辞手法进行相关特征识别，采用自然语言处理传统方法与深度学习相关方法结合的思路进行设计，依据相应的特征识别结果给出评阅结果，最终形成可视化系统界面。系统识别的修辞方法主要包括段内排比、段间排比、引用修辞以及包含比喻及拟人的优美句子识别。此方法在一定程度上克服了机器学习算法打分相对保守的特点，缩小了机器评分结果与人工评分的差距。对于修辞方法中优美句的识别，付瑞吉等（2018）进行了更深入的探索。他们首先从公开的作文评阅网站获取3万句左右人工划定的优美句，然后将未划定的6万个句子作为实验数据进行识别实验，实验表明，相比单独的卷积神经网络或者双向长短时记忆网络，混合神经网络能更准确地识别优美句，准确率高达89.23%。加入修辞句式等特征后，计算机的阅卷评阅分数和人工批阅的实际分数的差距有了比较显著的缩小。除此之外，石昀东（2019）提出了一种基于修辞使用的小学作文自动分类评价方法。他选用基于 Text Rank 的关键句提取算法结合神经网络的方案实现了小学作文自动分类方法，并针对小学作文中修辞句的不同特点提出了自动提取方案，最终得到了基于修辞使用的小学作文自动分类评分器，且通过对比测试验证了该方法思路的正确性。综合来看，在人工智能评分中加入修辞手法的特征识别缩小了计算机评分与人工评分的差距，各项实验结果显示：优美句识别技术的准确率已得到提高且识别思路正确。

类似的还有从文采特征入手的研究。刘明杨等（2016）在获取了1016 篇作文的简单特征之后，用向量回归模型对其 Baseline 系统进行训练，之后又开发了排比句自动识别、比喻句自动识别、古诗词自动识别等功能得出作文的文采特征。在计算机评分中加入文采特征后，其 Baseline 系统准确度和可信度得到了一定的提升。但是作文的评分标准不单是文采或是优美句的表达，还有篇章结构、主题立意等方面，因此，仅从一个标准出发实现评分技术的改进仍是不全面的，人工智能评分需要检测并识别出更全面、更深层次的语文特征。

刘卫平（2019）开发了一个基于中文多维度特征指标的小学写作反馈系统。他从字词基础、篇章结构、语言表达和情感主题四个维度入手，提出了符合小学阶段语文作文评价的 120 个特征指标。同时，据此构建模型提出了自动反馈机制，并以武汉市某小学六年级学生为对象进行实证研究，实验结果表明：从整体上看，自动反馈方式对学生写作能力提升有一定的帮助；从指标维度上看，自动反馈主要在作文的篇章结构上对学生有帮助。

3.2.2 人工智能评分技术

曹亦薇和杨晨（2012）认为实现汉语作文自动评分需要逐步突破三

种关键技术：（1）完善人工智能评分技术，建立具有较强科学性、可操作性的作文评分标准；（2）建立计算机可以识别、容易量化的指标体系和评分算法；（3）具备切实可用的汉语计算机自然语言处理系统。何屹松等（2019）认为人工智能用于辅助评分有三大技术要点：一是文档图像识别技术；二是基于深度神经网络建模的评分模型训练；三是多维度计算机智能评分算法。可见，要提高人工智能评分的准确度，需要制定计算机可识别的评分标准，并使计算机深度学习评分标准，训练评分模型。研究者们对人工智能评分的评分标准和评分模型在这两方面做了许多探索，推动了人工智能评分技术的发展。

3.2.2.1 评分标准

机器对于评分标准的深度学习决定了机器评分的效果。因而定标集的选取效果直接关系到整个评分系统的学习效果。何屹松等（2020）通过对不同定标集人机评分的对比研究，提出"专家随机抽取＋智能挑选样卷＋聚类分段补充"的定标集选取方法，并在2019年高考语文作文中进行验证，研究结果表明：该方法提升了评分模型对各分数段的建模能力，使计算机辅助评分系统能通过深度学习的方法，更加全面地理解和掌握评分标准，从而对每个待评样本给出更准确的评分。他认为未来的研究要分析并研究定标集样本的选取方法，使其在理论上更具科学性、在技术层面上更具操作性、在应用层面上更具规范性。

3.2.2.2 评分模型

学者们基于不同的算法构建评分模型，不断完善评分系统，使人工智能评分能更全面地识别作文评分标准，抽取评分特征，达到更好的评分效果。

曹亦薇和杨晨（2007）使用潜语义分析技术构建评分模型，先分别对202篇高中作文进行人工评分和自动评分，再通过相关和回归分析检验自动评分的效果。研究表明：潜语义分析技术在汉语作文自动评分中起到重要作用。进一步的研究需要寻找更多的指标，并辅以其他方法来提高评分效果。

陈一乐（2016）探讨基于回归分析的中文作文自动评分的核心技术，提出了合理的评价指标与目标优化参数，通过采取启发式的特征抽取方法，分别建立了基于浅层语言特征以及深层语言特征的回归模型。另外，通过设定实验的基线了解作文评分的难点与要点，之后再使用深度学习的方法，用篇章向量表示文章，继而引入文章的词特征、篇章特征，利用回归模型进行训练和测试，解决了传统启发式方法特征选取较片面以及词向量使用中忽略词序的问题，突破了系统某些特定指标的瓶颈。

钟启东（2019）基于 Java 语言和 SSH 技术对高考语文模拟平台及相应的阅卷方法进行开发和实验。研究者提出嵌入语言深度感知的作文特征，例如作文的上下文关联、作文语句流畅度等，以此进一步贴合高考作文评分体系。此外，研究者还将作文视为一个回归问题，探索多重回归方法对评分的适用性，提升了模拟平台评分系统的准确性和可靠性。研究者通过关键词提取算法和主题抽取算法对作文文本特征进行提取并且进行预测，结果表明仅基于内容进行作文判分并不可靠，评分仍需要更多、更全面的语文特征。

夏林中等（2020）研究出一种基于新型神经网络结构的自动作文评分模型，该模型可以抽取作文的上下文语义关系及依赖关系，从而获得更好的评分效果。

3.2.3　人工智能评分的可行性

学者们将人工智能评分与人工评分结果进行对比，提出了人机结合的评分方式，并探索人工智能评分的可行性。研究者认为：人工智能评分技术省时省力，效率高，且不受主观因素影响，结果精确性高，能提供客观的质量评价标准，对人工评分有较好的质量监控作用，可以用来辅助人工评分，更大程度地保证评分结果公平公正。

一些学者将人工评分与人工智能评分进行对比，提出人机结合评分的评分方式。霍紫萤等（2019）应用多面 Rash 模型，对 2017 年某次经过严格组织的语文作文测试的评分数据进行分析，研究结果显示：（1）人机结合评分能较好地解决分数离散程度低、保险给分的问题；（2）评分者在使用人机结合评分量表时能更好地区分考生的写作能力水平；（3）人机结合评分量表的等级设置较为合理，但其表现仍会受到评分者个人偏好及宽严度不一致的影响。为此，研究者们在人工评分和计算机自动评分的基础上，提出人机结合的评分方式。

余永玲等（2019）通过问卷调查、电话调研、走访座谈等多种方式，深入探索人工智能评分在中考评卷中的可行性。结果显示，人工智能评分和人工评分的结果相关度高，人工智能评分在实施层面是可行的，但在技术成熟度和社会接受度上还存在问题。因此，人工智能评分的引入方式应为辅助和校正，而非脱离教师评卷的机器独立评分，其结果将作为教师评卷质量监控与差异调整的重要参考。可见，人工智能评分是可行的，学者们都建议在评分时采用人机结合的评分方式，认为人工智能评分起到了质量监控的辅助效果。

除此之外，还有学者从教学与评价的角度探索人工智能评分在作文水平评价中的应用。王晓龙（2011）介绍了"汉语作文水平智能测试系统"，该系统使用计算机、智能手机等对电子稿作文进行评分和评级，并自动给出评语和建议，是语文评价工具现代化的重要学术和技术探索。该系统不仅弥补了人工评分的不足，而且促进了作文教学的发展，但也存在服务器适应等问题。

3.2.4 人工智能评分技术的应用

传统的网上评卷技术是将扫描后的答题卡切分为图像，以计算机为载体，组织评分员在网上评分。以高考作文为例，一篇作文须由两人独立评分，对同一篇作文的评分，两人差距过大且难以统一时，则交由阅卷组组长或质检组评定。这种阅卷模式省时省力，提升了阅卷效率，但不能对评分员的评分结果进行质量检测。随着人工智能评分技术的发展，一些学者提出将评分技术与网上阅卷技术深度融合，完善阅卷模式，利用人工智能评分技术监控评分质量，辅助人工评分，以提升阅卷效率。因此，学者们通过分析人工智能技术在语文测试中的应用，不断探索人工智能评分技术与网上阅卷技术深度融合的方式。

何屹松等（2018）通过实验探索人工智能评测技术在人工网上评卷质量监控中的应用，是人工智能评分和网上阅卷相结合的有益尝试。学者们对2017年安徽省高考语文作文的机器评分和人工评分结果进行多个维度的数据分析，并将比对结果反馈到网评过程中，将智能阅卷产生的异常作答样本反馈给学科专家组进行质检评分。结果表明：（1）智能阅卷基本上达到了与评卷教师相当的水平；（2）智能阅卷始终采用统一的评分标准，更具客观公正性，能为人工网上评卷提供有效的质量监控。同时，研究者对完善智能阅卷系统提出了两点建议：（1）建立并完善对定标集的专家评分样本选取原则；（2）建立并完善对智能评分结果的评价机制。

竺博等（2019）分析了智能评测技术在作文评测中的应用，介绍了人工智能评测应用的相关技术，如试卷图片数据处理、专家定标评分及人机结合的评分流程等。研究认为，机评结果和人工评分有很高的相关度，且其评分可视为第三人的人工评分用于阅卷的评分质检环节，从而提升评卷效果。目前的问题是如何能够更好地将人工智能技术与现有网上评卷技术相结合，实现技术与业务的深度融合。

针对评分技术和阅卷技术的结合问题，何屹松等（2019）又做了一次有益的探索。他们开发出新一代智能网上评卷系统，即融合人工智能评分系统和网上评卷系统。在对高考语文试题的评分中试验该系统后发现，人工智能评分系统对网评起到质量监控作用，能做到精细复核、精确评分。研究者指出，未来要加强对人工智能与网上评卷相结合的规范性研究，形成一套有效的人机结合的智能网上评卷标准化实施流程。

3.3 结论与展望

基于以上研究成果，可以发现在语文能力测试中，人工智能评分技术已能识别作文多个维度的评分特征，在评分中引入人工智能评分方式是可行的。研究者们将评分技术与网上阅卷技术相结合，证明人工智能评分技术能起到辅助质检的作用，不仅能提高测试评分的效率，还能提升评分结果的科学性和准确性，保证考试的公平与公正。研究虽已取得了丰硕的成果，但距离大规模使用还有一段距离，人工智能评分技术仍有许多问题没有得到解决，还有很大的发展空间。本文在综述语文能力测试中的人工智能评分技术的基础上，也给未来的研究提出一些建议。

3.3.1 完善研究对象

语文能力包含多种能力，未来的测试应从多个方面测量语文能力水平，增加口语或其他方面的内容，全面推进语文能力测试的人工智能评分，推动学科发展。语文测试题型多样，研究者们大多探索作文的人工智能评分技术，而忽视了对其他主观题题型的评分技术，如阅读理解中的分析题，因此未来的人工智能评分技术要向多题型方面发展。

3.3.2 突破关键技术

一是人工智能评分技术有待提升。对于作文，其评分标准是多项作文特征的综合，如书写规范度、词汇、价值观及上下文逻辑关系等。由于评分指标复杂，现有的评分技术所提取的特征仍不全面，一些深层次的作文特征还不能被计算机识别，缺乏对作文价值观等更深层次的语义信息的提取。因此，未来的研究应明确作文评分的评价标准，使其科学化、精细化，从多个角度综合考量考生的作文水平。二是应将评分技术与网上阅卷技术深度融合，完善评卷管理模式，进一步检验并完善评分系统。由于技术成熟度欠缺，目前人工智能评分只能对人工评分进行校正和辅助，而非脱离人工的机器独立评分。未来改进并完善评分技术后，人工智能评分将可替代人工一评或部分替代人工评阅，为广大师生带来更多的便利。

3.3.3 提升社会公信力

语文测试是最重要的考试科目之一，其评分结果直接关系到考生的最终成绩，影响考生的学习与发展。在高利害性考试中应用人工智能评分技术关系到群众的切身利益，因此需要让公众了解人工智能评分的规范化和科学化，了解使用人工智能评分能更好地保证评分质量，保障考试的公平与公正。对此，一方面要加强对评分系统和评分技术的验证工作，在分析研究数据的基础上，逐步完善评分系统，建立一套完整的、科学的对评分结果的评价机制，推进人工智能向应用成果的转换；另一方面，要加强宣传与解释工作。人工智能评卷技术主要用于辅助人工评分，使用人工智能评分系统将提升评分效率，缓解评分员压力，减小评分误差，对人工评分结果起到质量监控的作用。

第四节 本章小结

随着信息技术与学科教学的深度融合，在线阅读测评可以为阅读教学提供新的指导方向。本章通过文献梳理和前人研究概述发现，目前国内对在线阅读测评的研究不足，在线阅读测评技术的使用有待进一步拓展。同时，国内在线阅读能力测评也有进一步研究的空间，例如阅读文本的呈现方式在物理可读性等方面对测评结果的信度和效度产生何种影响。可见，对小学生在线阅读测评的研究需要进一步深入探索，开发多种形式的在线测评技术，在实践中实现在线阅读测评技术的积极作用最大化。

关于人工智能评分技术在作文评分中的应用研究，研究者们将评分技术与网上阅卷技术相结合，证明了人工智能评分技术能起到辅助质检的作用，不仅可以提高测试评分的效率，还能提升评分结果的科学性和准确性，保证考试的公平与公正。但是，人工智能评分技术仍有很大的开发完善空间。本章在对语文能力测试中的人工智能评分技术综述的基础上，提出未来的人工智能评分技术需要进一步完善研究对象、突破关键技术（包括人工智能评分技术和评卷管理模式）、提升社会公信力（包括加强对评分系统和评分技术的验证工作以及宣传与解释工作）。

第八章

学习机会探究与汉语特色句式学习

第一节　引言

　　学习机会概念提出之初，主要关注学生是否有足够的学习时间和是否接受足够的学习指导。伴随着教育问责制的要求和利益相关者们对学生较高表现标准的期待，这一概念的内涵逐步扩展，成为涵盖使学生取得预期教育成果所必需的学校教育投入和教学过程的重要理论。从学习机会概念提出至今，许多研究者们证明其构成部分，即学习时间、课程内容、课堂教学质量等关键指标可以预测学生的学业成绩。与此同时，学习机会概念还被认为可以为课程比较分析框架的构建提供理论依据，广泛用于国际教育测评，特别是在跨国比较测评项目中，成为从课程角度解释国家之间学生或教师测评表现差异的重要指标。基于此，本章选取国际数学和科学趋势研究（Trends in International Mathematics and Science Study，TIMSS）、国际学生评估项目（Program for International Student Assessment，PISA）、数学教师教育发展研究（Teacher Education Development Study-Mathematics，TEDS-M）等国际教育测评项目进行分析与对比，以揭示学习机会在这些项目中如何被测量、如何被使用，以及产生什么样的影响。

　　"把"字句是现代汉语中最有特色的句式之一，不论是在本体研究方面，还是在对外汉语教学与第二语言习得研究方面，"把"字句都得到了极大的关注。从实践教学来看，"把"字句在小学语文教学和汉语作为第二语言的教学设计中，都被认定为是需要重点讲解和联系的知识点。对于汉语作为第二语言的学习者来说，"把"字句的习得更具挑战（Wen，2012）。同样对于汉语教师而言，"把"字句的句式选取、教学分级也是一个值得深入研究和探讨的课题。本章采用问卷调查和小测验的方式，从"教""学"双方的角度出发，调查不同汉语水平的留学生对"把"字句不同句式难度的学习体验，以及教师在教学实践中对"把"字句教学难度的反馈，从汉语母语者和学习者的视角重新思考"把"字句的学习难度。

第二节 学习机会：内涵、测评与实践模式——基于国际教育测评的分析与比较

2.1 学习机会在国际教育测评中的内涵

20世纪60年代，卡罗尔（Carroll, J.B.）首次在《学校学习模式》一书中明确提出学习机会是学习的重要决定因素，他将机会这一概念从简单地区分有无扩展为连续体，并把时间概念纳入学习模式中。至此，研究者们从关心学生能学到什么转而思考学生需要多长时间才能学会，开始重新评估学生学习某个主题应被给予多少时间。卡罗尔（Carroll, J.B.）假设学校学习模型包含六个变量，具体如下：

天资（Aptitude）指在最佳的教学条件和学生学习动机下，学生学习一个给定的任务、教学单元或课程达到可接受的掌握标准所需的时间。如果一个学生需要相对较少的时间来学习时，就表明他具备较高的天资；反之，当一个学生需要比平均时间多得多的时间来学习时，则表明他天资较低。

理解教学的能力（Ability to understand instruction）指学生的学习技能、学习策略、语言理解能力等。

毅力（Perseverance）指学生愿意花在指定学习任务或教学单元上的时间。

学习机会（Opportunity to learn）指学生在课堂和家庭作业中可用的学习时间。如果学生拥有较好的天资，则其所需的学习时间也相对较少。

教学质量（Quality of instruction）指教师实施的教学设计、课堂组织与管理等。如果教学质量较差，那么学生所需要的学习时间也会相应增加。

最后一个变量为学生的学业成绩，是学校学习模型的输出变量；天资为输入变量，其他四个为中间变量。Carroll 学校学习模型见图 1。

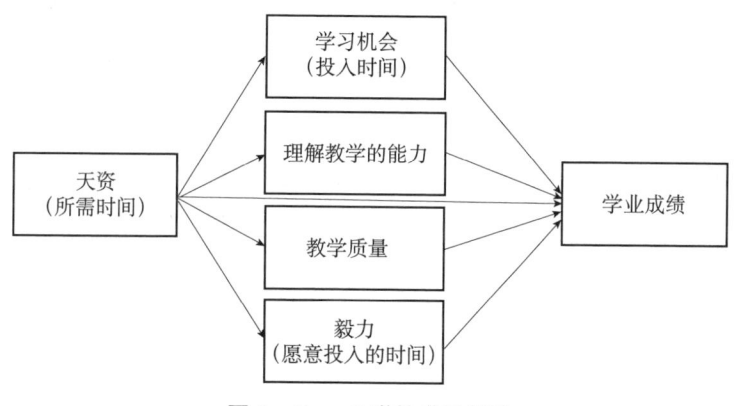

图 1　Carroll 学校学习模型

以上变量中，天资、理解教学的能力、毅力是学生自身的特征；学习机会、教学质量是外在因素，受教师教学或教育系统的影响。将学生花在学习上的时间表示为学习机会和毅力的结果；将需要学习的时间表示为理解教学的能力和教学质量的结果。据此，学生的学习成果可以最终表示为花在学习上的时间与需要学习的时间之比的函数关系。具体公式如下：

$$学习成果 = f\left(\frac{投入时间}{所需时间}\right)$$

史蒂文斯（Stevens, F. I.）进一步提出学习机会模型的四个分析维度，分别为：内容覆盖，用于衡量课程是否覆盖特定年级、水平或主题的内容；内容暴露，考虑教学时间和所提供的教学深度；内容强调，用于衡量影响课程中哪些主题被选择作为教学重点、哪些学生被选择接受强调低阶技能（如死记硬背）或高阶技能（如批判性问题解决）的教学；教学质量，揭示教师组织课堂教学的行为，以及课堂教学实践（讲授）如何影响学生的学业成绩。史蒂文斯（Stevens, F. I.）对学习机会模型的研究将此理论落脚于教师层面，强调教师需要根据学生不同的认知需求和教学实践来分配适当且足够的教学时间，以此覆盖核心课程内容，最终促进学生的学习。

卡罗尔学校学习模型及后续学者们的研究均涉及一个最重要的问题：什么是学习所需的适当时间。最初，威利（Wiley, D. E.）和哈尼施费格尔（Harnischfeger, A.）对学校日分配时间粗略测量的研究发现，学年安排的小时数和学生成绩之间有很强的关系。伯利纳（Berliner, D. C.）等人对分配时间的研究也表明，个别教师分配的时间与学生成绩相关。为了获得与学生成绩之间更强的联系，研究者改进了学习机会的概念，在测量工具中增加了关于学生参与教学任务的内容和难度等信息。

从上述学者们对学习机会的描述可以发现，目前，"学习机会"并没有一个明确的定义，其内涵也有所扩展，涉及课程标准、教材对学习内容的覆盖程度等宏观层面，教师课堂设计与指导、布置作业、教学重点等中观层面，以及学生对特定学习内容的熟悉度、作业时间等微观层面的各个方面。

2.2 学习机会在国际教育测评中的测评设计

学习机会模型试图解释学生所接受的课程和教学方法是否以及如何适应国家、州和地方各级教育部门为学生学业表现建立的标准，检验教育部门、学校和教师是否为学生提供了学习他们所期望的知识的公平机会。

在国际教育测评中，研究者们通常将学习机会模型分解为三个相互重叠的指标：教学时间、课程内容和教学质量。教学时间是指为学生提供所需课程的机会，如教学计划规定的时间、实际教学时间、学生投入时间等。课程内容是指学生接触到的至关重要或需要被评估的达到特定标准的科目和主题的程度。教学质量涉及教学策略与资源两个方面的内容：教学策略是指学生是否接触到能够帮助他们取得学业成功的教学，如教师指导、积极反馈、课堂氛围、分组教学等；教学资源是指学生是否能够获得适当的资源以帮助他们达成一定的学业标准，如教师职业准备情况、教学经验、在职教育的参与情况、对教学的态度以及教学材料、仪器设备等。

在实施层面，不同的教育测评项目会根据其测评目的和对象筛选适合的测评指标。综观目前国际教育测评项目，以测评对象作为分类标准，学习机会模型在国际测评中的运用可归为学生学业测评和教师教育测评两大类，具体如下。

2.2.1 学习机会模型在学生学业测评中的概念框架与测评内容

2.2.1.1 TIMSS 对学习机会的测评

TIMSS 是最早将学习机会概念应用于大规模学业测评中的国际比较项目。在第一次国际数学研究（First International Mathematics Study，FIMS）中，学习机会被定义为学生有机会学习一个特定的主题或学习如何解决考试中出现的特定类型的问题。FIMS 测评目的是通过学习机会的测评预防由于缺少某些主题的学习而导致的学生的低学业表现，强调学习机会的公平性特征。FIMS 中，教师被要求回答参加测试的学生有多少比例有机会学习某个特定的数学主题：（1）参加测试的学生中，所有或大多数（至少75%）有机会学习这类主题；（2）参加测试的学生中，大约25%有机会学习这类主题；（3）参加测试的学生中，很少或没有人（低于25%）有机会学习这类主题。

第二次国际数学研究（Second International Mathematics Study，SIMS）中，项目对学习机会的测量进行了改进，教师既要回答与测试相关的数学主题是否被教授或复习过，也要回答班上学生答对与该主题相关题目的百分比。具体来说，教师需回答下列问题：（1）请估计参加本次测试的学生中有多少比例的人能答对这个问题？（2）在本学年中，您是否教授或复习了正确回答所涉及的数学知识或主题？

SIMS视课程为解释学生学业成绩国别差异的重要因素，并提出"三层课程模型"：目标课程、实施课程和习得课程。目标课程指的是教育系统的课程目标和要实现这些目标而建立的机制；实施课程指的是被设计来实施教育系统目标的学校和课程内的实践、活动和制度安排；习得课程指的是学校教育的产出——学生从他们的教育经历中实际获得了什么。基于此，TIMSS提出FIMS和SIMS对于学习机会的测评均缺少有关国家数学课程的重要信息，指出对学习机会的测评应确立一个假设，即学习机会在一个国家内的变异来自课程内容暴露程度的差异，而课程内容暴露程度的差异则主要来源于学习不同数学课程的学生以及教授相同课程的不同教师的差异。所以，学习机会的测评应扩展为对课程内容的广度和深度进行描述，对课程连贯性进行评级，并对目标课程与实施课程的一致性进行评估。

TIMSS还指出SIMS的方法混淆了学习数学主题的机会和学生熟悉测试中某个具体数学题的关系。因此，在TIMSS中，学习机会的测量采用给出一个数学主题，并对应列举一个及以上的样题来询问教师如何完成对该主题的教学的提问形式。这样，教师被要求从一个完整的数学主题而不是具体的测试题层面来思考学习机会。此外，教师还需要回答教授某个数学主题的具体年级、时间分配等问题。TIMSS还询问了教师"学生本学年在校外是否有可能会遇到某个数学主题？"。这个问题可能为学生在学校缺乏学习机会但表现良好提供一些启发，以此来检视教育公平、学校课程合理性以及教师教学等问题。

2.2.1.2　PISA 对学习机会的测评

2012 年，PISA 在以数学为主测试学科时首次纳入学习机会模型，旨在衡量学生学习与数学素养相关的重要概念和技能的机会，并将在 2021 年持续进行测评。

不同于 TIMSS 以课程为出发点的测评设计理念，PISA 的数学测评框架关注学生是否具有现实生活和终身学习所必需的知识、技能等基本素养，它将学习机会概念定义为 15 岁学生在学校数学学习机会中所经历的变化，关注学习机会最狭义的范畴，即内容暴露程度。在此定义之下，学习机会的差异可能由以下四个因素造成：学生学习课程的不同；学生经历的具体数学学习机会不同；同样的课程但授课教师不同以及学生之前独特的数学课程学习经验不同。

TIMSS 项目以时间为度量单位来考查学生在学校接受某个课程主题或内容对学业成绩的影响。但是，这种方法得出的测评结果无法证明学生在校期间所能够遇到的具体数学问题与他们学业成绩之间的关系。因此，为了探讨学校教育与数学素养之间的关系，同时区别于 TIMSS 基于课程内容开发的测评内容，PISA2012 通过内容维度和问题类型的暴露程度、教学实践和教学质量三个关键指标来实施对学习机会的测评。具体而言，内容维度和问题类型的暴露程度包括接触不同数学任务的频率、对数学概念的熟悉程度以及在数学课堂和考试中接触各种类型数学任务的频率。其中，数学任务分为正式/纯数学任务和应用数学任务两类。对数学概念的熟悉程度要求学生判断对 13 个几何或代数的数学概念的熟悉程度。在数学课堂和考试中接触数学任务包括学生在数学教学过程中接触到几何或代数纯数学题，也包括数学素养测评框架中与数学能力（推理和论证、数学化、沟通、建模、问题解决等）相关、涉及四个内容维度（变化与关系、空间与图形、数量、不确定性和数据）

的应用推理题。教学实践包括以教师为主的教学、以学生为主的教学和形成性评价三个指标。教学质量包括数学纪律氛围、教师情感与社会支持以及认知激活三个指标。

梳理 TIMSS 对学习机会的测评过程可以发现，从最初关注学生学习机会获得的公平性，逐渐拓展为以课程为媒介，将学校提供给学生的能够增益其学业的宏观、中观和微观层面的测评框架串连起来，将静态的国家课程标准转换为教师教学、学生学习某个特定数学主题内容的动态过程，课程内容是 TIMSS 考察学习机会的重要指标之一。然而，PISA 项目认为在对学习机会的测评设计中仅仅考查课程内容的覆盖面是不够的，它更重视中观和微观层面的学生感知到的学习机会的量化指标。原因在于，首先，PISA 所定义的数学素养是基于教育产出的标准，它并不完全依赖于学校所教的具体内容；其次，数学教学质量并不是由课程决定的，而是由清晰且结构化的教学设计、对学生的支持以及积极的认知激活决定的；最后，在 PISA 项目中，学生是从学校中随机提取的，与课程和班级无关，无法对应教授这些学生的教师，也不可能对应教师实施课程的具体情况。

2.2.2　学习机会模型在职前教师教育测评中的概念框架与测评内容

PISA 首次将学习机会概念应用于教师教育测评中。该项目旨在考察为小学和初中职前教师提供和使用的学习机会，以使其完成从事教师的职业准备，并发展与高质量课堂教学相关能力而开展的教师教育国际性比较项目。项目的一个基本假设是，各国职前教师教育课程存在较大的差异，教师知识水平更高的国家，他们在培养院校（或机构）被教授的课程内容和数量与其他国家是不同的。同时，学习机会存在于教师进入正式培养机构到成为在职教师的整个职业生涯的全过程中，因此，有必要测量职前教师在其教师准备过程中获得的机会。

PISA 通过问卷调查职前教师的学习机会，涵盖课程内容的覆盖、教学质量等指标，具体包括：（1）大学或高等数学；（2）学校层面的数学学习机会；（3）数学教育学、教育/教学法；（4）获得适应课堂多样性和反思的实践机会；（5）学校实践或实习机会；（6）参加教师教育培养计划的机会。

大学或高等数学包括几何基础、解析几何、非欧几何、拓扑学、线性代数、数论、微积分基础、微分方程、抽象代数、离散数学、概率论等。学校层面的数学涉及小学和初中课程中常见的数学主题，如数、测量、几何、函数、概率和统计、微积分等。数学教育学包括数学史、数学心理学、数学教学法、小学和初中数学主题（如算术、测量等）的原理和理论、基础和高级学校数学主题的原理和理论；教育学包括教育史、教育哲学、教育心理学、学校教育理论、评估和测量、教育研究方法和教学知识，也包括理解学习心理学和社会背景的学生的动态，以及课程评估与规划、课堂管理等。获得适应课堂多样性和反思的实践机会是指职前教师习得针对有天赋的、残疾的、贫困的、有行为和情感问题的以及来自不同文化背景家庭的学生的特殊教学策略和课程，如何运用教学标准、行为规范反思教学，以及如何识别自身学习需求的课程机会。学校实践或实习机会是指职前教师在培养阶段习得与检验自己教学方法、教学策略、数学教学理论的机会。参加教师教育培养计划的机会是指职前教师对数学教育学、普通教育学等课程的内容安排、教学计划、教师指导的看法与评价。

2.3 学习机会在国际教育测评中的实践路径

学习机会的测评结果可以作为测量进步的指标，通过分解在个体、学校和教育系统影响学业表现的效应为各国或地区提供教育成果如何产生的数据，并验证来自不同背景的群体获得相同的机会可以达到的预期标准，最终向学校、教育部门乃至政府提供关于学生学习、课程设置、教师素质、学校资源分配、学校环境与文化等多维度的反馈信息。波特（Porter, A.C.）阐述了学习机会模型三个重要的实践路径：（1）建立以政策为导向的可靠、可持续、可比较的数据库，为教育问责提供参考；（2）提供与教育效能相关的监控指标；（3）明晰课程和教学方法存在的问题与挑战。具体体现在以下三个方面。

2.3.1 学生个体层面：诊断学生共同特征，寻找普遍性差异

在国际教育测评中，研发人员和各国教育部门都试图寻找出减少学生之间学业成绩差异的方法。学习机会作为教育公平的基本要素，在诊断不同群体学业表现上扮演着重要角色，对它的测评可以找到测验表现较差的群体存在哪些普遍性差异，从而获取测评对象的共同特征和学习经验。

PISA 焦点报告表明，家庭作业是一种学习机会，它可能会扩大不同社会经济背景学生之间的表现差异。在所有参加 PISA2012 的国家和地区中，社会经济处境有利的学生做家庭作业或完成其他教师布置的学习任务的时间都比处境不利的学生长。在保加利亚、意大利、罗马尼亚、中国上海和中国台北，处境有利和处境不利的学生之间的作业时间差异尤其大，达到 3.5 小时甚至更长。数据进一步显示，相较于处境不利学生，处境有利学生在家更有可能拥有合适的学习场所，家长的参与程度也更高，这样的家长能向孩子传达学校教育的积极意义和完成教师要求的任务（包括完成日常布置的家庭作业）的重要性。更重要的是，学生的作业时间和他们个人的 PISA 表现有关：虽然作业时间与学业成绩并非绝对的线性关系，但是，当作业时间在适度、合理的范围内时，学生 PISA 成绩往往也相对更好。在中国香港、中国澳门、日本和新加坡，给学生布置更多家庭作业的学校所带来的数学表现回报相当大，作业时间每延长一个小时，数学成绩就能提高 17 分甚至更多。上述结果

都表明减少处境有利和处境不利学生之间的作业时间差异是一个可以实现的改进目标。因此，学校和教师应寻找鼓励学困生和处境不利学生完成他们的家庭作业的方法。如，帮助家长激励孩子做作业，以及为家中没有安静场所做作业的处境不利学生提供场所以使这些学生完成所布置的作业。

PISA2012 结果报告显示，对于应用数学问题，74% 的学生报告他们经常遇到"根据地图比例计算两地之间距离"的数学问题，并且他们有信心解决这类问题；只有 32% 的学生报告他们从未遇到过这类数学问题，但是他们有信心解决。对于正式数学问题，几乎所有报告经常遇到正式数学任务的学生都对解决这些问题有信心。对比发现，即使学生报告经常遇到应用数学问题，他们解决这类问题的信心也比解决经常遇到的正式数学问题的信心低得多。一种可能的解释是，解决应用数学问题既需要具备一定的抽象能力，还需要具备结合情景分析实际情况的能力，换句话说，它需要使用 PISA 定义的数学过程中的公式和解释，以及运用等素养相关的能力。对 PISA 数据进行更详细的分析发现，内容暴露对学生的数学自我效能感有影响。但是，暴露和自我效能感之间的关系是有限的，频繁地暴露于其中任何一项数学任务对解决其他任务的信心几乎没有影响，无论这些任务是正式的还是应用的。由此 PISA 建议，除了对学生学习数学的整体自我效能感进行构建与激励外，在具体数学任务层面上研究自我效能感也是非常有必要的。

2.3.2 学校班级层面：记录教育教学状况，改善学校教育现状

学校学习模型假设学生需要的学习时间是不同的。因此，如果充分考虑到这些差异，卡罗尔（Carroll, J.B.）提出实施学校教学的关键因素是教师的课堂管理和教学设计。然而，不论是在国家之间，还是在同一个国家内的不同州或省、地区、学区、学校甚至班级之间，实际发生

的教育教学情况都是极其复杂且差异性很大的。具体到学习机会测评上，这种差异体现在教学资源、教师配置、教学组织、课程设置等方方面面。学习机会的数据为学校和教师提供有价值的教学反馈和监控教学的即时信息。

TIMSS 认为学习机会是可以识别各国课程内容差异的敏感指标，为各国学生在课程中学到什么提供重要信息。1999 年，TIMSS 通过视频研究比较美国与在 TIMSS 中表现比美国更好的国家或地区的典型数学教学实践，如澳大利亚、捷克共和国、日本、荷兰、瑞士和中国香港，提出复习、演练当天的数学问题、布置家庭作业并及时纠正以及反馈作业问题是课堂教学的有效延续，建议在美国的学校中进行推广。

韦伯斯特（Webster, B. J.）等人使用 TIMSS 数据对澳大利亚、加拿大、英国和美国的研究表明，学生的学习机会越多，他们在 TIMSS 测试中的表现也越好。在内容主题方面，TIMSS 对美国分散的课程制度的深入研究发现，一些班级的学生比其他班级更容易接触到一些课程内容。同时提出课程一致性和连贯性较高的国家，其学生的数学成绩也相对较好。

TIMSS、PISA 结果报告还显示，无论是基于课程的评估，还是面向素养的评估，学生在学校接触正式数学的频率与数学成绩之间都存在着积极的关系。PISA 报告进一步指出，即使控制学生接触正式数学变量后，其接触应用数学的频率与数学成绩之间仍存在相关性，这表明那些在学校经常有机会做应用数学题的学生的数学成绩高于那些没有这种机会的学生。同时，参与测试的国家或地区在学生接触正式数学和应用数学上的频率差异很大，且与数学成绩的关系也并非都是线性的。在正式数学方面，中国上海、中国澳门、新加坡为学生提供了很多正式数学的学习机会，瑞士、巴西和冰岛等国的学生正式数学的学习机会最少；在应用数学方面，泰国、印度尼西亚为学生提供了更多应用数学的学习机会，捷克、中国上海和中国澳门在提供应用数学的学习机会方面表现最弱。在一些参测国家中，接触正式数学或应用数学的频率超过一定比例后，学生的数学成绩反而出现下降。PISA 对学生问题解决能力与接触正式数学和应用数学的关系研究发现，接触应用数学问题的机会与问题解决能力存在正相关，与接触正式数学不相关。

PISA 的结果表明，不同国家实施的课程的差异与学生数学成绩存在相关。TIMSS 对美国 K—8 课程与八年级成绩相结合的分析显示，成绩较高的国家的教师所教授的内容与其他国家教师所教授的内容存在极大的不同。以上测评结果反映出各国在课程上的差异，也反映了各国教师在数学知识上的差异。同时，教师数学知识的国别差异在某种程度上也可能是各国数学课程教学水平差异的重要原因之一。上述结果均为各国研究者结合本国教学实际深入研究课程设置、课程内容、教学设计与学生成绩的关系提供了国际视角。

2.3.3 教育系统层面：提供周期性证据，促进教育公平和改革

国际比较研究的实施可以确定不同国家正在发生的可能有助于改善教育系统和成果的事情；描述不同教育体系之间的差异状况，并解释产生的原因；评估被认为是教育结果关键变量的影响程度。其结果通过提供国际基准和案例为国家或地区各级教育政策的出台、评估与改进提供具有启发性和周期性的证据。教育测评中学习机会的关键变量，即时间、内容和质量都是可改进的，可以为教育部门基于证据的改革提供突破口。

在教育公平方面，TIMSS 最早将学习机会概念应用于国际比较研究中，拓展了课程一致性和公平性的研究视野。通过学习机会的测评，美国政府陆续出台一系列教育改革措施，如《2000 年目标——美国教育法》强调学习机会的重要性，明确提出评估不同层次的教育体系（包括学校、当地教育局以及自治州）的教育资源、实践以及发展条件的标

准和基础，以使得每个学生学习的教学资料都达到国家义务课程标准或州的标准。学习机会标准的提出，在政策上保障了美国全体学生能够得到公平的学习机会。

PISA报告指出，学校教育被视为社会的平衡器，是家庭社会经济处于弱势的学生获得必要的知识的重要途径，学生通过良好的学校教育可以获得更好的就业机会，从而摆脱贫困，在未来的社会生活中获得更好的地位。学习机会的校间差异，即一个国家内不同学校的学习机会差异，与学生的数学表现存在显著的关系。这个结果可以提供一系列与教育公平相关的趋势数据，以追踪不同的学校类型，哪些学生就读于哪些类型的学校，以及不同类型学生未来的升学／就业选择。

在教育改革方面，PISA的测评结果不仅能够呈现各国教师教育培养的实证数据，为调整教师教育课程制度、计划和管理提供可比信息；而且能够揭示不同文化背景下教师教育培养的异质性，为改善教师教育培养提供国际性视角。PISA对教师教育培养异质性的结果发现，各国小学教师教育课程在数学教育学、普通教育学上的差异并不明显，表明各国教育系统对从事小学数学教师职业存在一些共同的基础标准和前提条件。在数学内容知识和教学知识的开设方面，PISA测评结果表明，教师课堂上的所知和所做广泛地影响着学生的学习。美国小学教师在数学内容知识和数学教学知识两方面的表现居中，明显弱于成绩最好的国家，美国在这项对未来教师的调查结果中令人失望。基于此结果，大约在两个月后，美国为了应对全球化的国际竞争，全国州长协会和州立学校官员理事会发布了K—12《共同核心数学课程标准》，以确立更加贴近其他国家的教育标准。同时，美国政府的教育改革开始引入衡量与学生成绩相关的教师素质的国家标准，并出台与教师准备计划相关的问责制度。

TIMSS1999和TIMSS2003结果均表明，南非学生在所有参测国家中数学和科学成绩均排名最后。进一步分析南非学生的学业成绩可以发现，排名前 5% 和后 5% 的学生的成绩差异非常大，这个结果是南非社会和学校之间巨大差异在教育结果不平等上的真实反映。糟糕的学业表现使南非政府开始反思自身的教育政策。南非政府提出，学生的学业成绩不佳是造成收入不平等的一个关键因素，成绩也是教育系统良性运行的指标之一，促进学业成绩的提升是衡量一个民主国家教育质量的重要标准。自此，南非利用 TIMSS 的测评结果实施打破种族隔离的民主教育提升战略，政府、企业和社会投入大量资源保障教育质量的稳定进步。经过十几年的教育改革，虽然在参测国家中的排名仍然较低，但是，南非学生参加 TIMSS2011 的数学成绩提升了 63 分，且学生之间差异有所缩小，这表明南非正在朝着更加公平的教育结果迈进。

2.4 国际教育测评项目中学习机会测评经验对我国基础教育的启示

学习机会概念不仅是有效预测学生学业成绩的关键变量，还是进行课程比较、检验教育公平的重要手段。结合 PISA、TIMSS 对学习机会测评的经验，我国基础教育可以从以下方面完善相关政策与措施。

对教育行政部门和学校而言，学习机会概念在国际教育测评项目中的广泛应用为我国基础教育质量监测的指标设计与工具研发提供了借鉴。我国基础教育发展仍存在发展不均衡的问题，在国家层面有统一的课程标准，而具体落实到学校和教师实施课程、开展课堂教学实践中，差异是很大的。不同区域学校资源、职前教师的准备情况、在职教师的专业发展状况千差万别，同一区域内教师的课堂管理、教学设计、课后指导等素养也各不相同。如何科学、精准地甄别出不同区域之间、区域内学校管理、教师教学行为的细小差异，学习机会变量是一个易操作、可量化、经过国际教育测评项目检验的测评指标，可用以检验教师行为、监测学校管理，为改善教育过程公平提供参考。

对学生个体而言，通过对学习机会的测评可以记录他们学业成功或失败的连续数据，为教师开展有针对性的个性化指导提供科学的依据。尤其是 PISA 项目对学生数学学习时间、特定数学主题的熟悉程度等指标的测评可以真实地反映教师教学和学生学习的内在过程，精准地定位学生需要什么、已经学到了什么，为教师根据学生的特质、兴趣和特长调整教学策略、实施个性化教学指引了明确的方向。

第三节 汉语学习者习得汉语"把"字句的聚类实证分析

相对于"把"字句的本体研究，"把"字句的习得研究还需要进一步深入挖掘。以往的习得研究多集中于描述留学生的"把"字句偏误及影响因素探究（吴建设等，2018；姜有顺，2018），基于中介语语料库探索留学生"把"字句使用情况（张宝林，2010），以及对"把"字句语法教学的排序研究（郑家平，2017；刘英等 2005）。面对"把"字句的多种句式种类，作为"教"与"学"的互动双方，学生在习得过程中的难度体验与反馈如何？一线教师在教学中的切身体会如何？目前学界尚未见到此类研究。本研究尝试采用问卷调查和小测验的方式，结合前人研究成果对"教""学"双方进行调查，以期获得更为具体的反馈信息，为已有研究结论和"把"字句教学提供更细致、更有针对性的反馈与启示。

3.1 留学生"把"字句的习得与教学研究简述

本研究根据实证调查的实际需求，主要从"把"字句的语义指向研究、语料库研究、个案研究、学习者使用情况与策略研究等方面简述有代表性的前人研究成果。

3.1.1 "把"字句的语义指向研究

"把"字句作为汉语独有的一种语法现象，其本身的句式比较复杂，一些学者（崔希亮，1995；张伯江，2000；张旺熹，2001；吕文茜，2015）认为，"把"字句是汉语独有的一种（致使……）移动构式，其构式意义是物体在外力作用下的空间位移。这一观点得到母语者语料库（国家语委现代汉语语料库）的统计支持。由此可见，"位移义"和"处置义"也应是"把"字句教学和学习者习得的重要路径（Yang，2013；李英等，2005）。这一研究结论为本文设计面向教师的"把"字句教学体验问卷调查提供了依据。

3.1.2 基于中介语语料库的"把"字句研究

随着中介语语料的挖掘与积累，基于中介语语料库方法的研究成果颇多（罗青松，1999；李宁等，2001；刘颂浩，2003；张宝林，2010）。张宝林（2010）对HSK动态作文语料库中3682句"把"字句进行了统计，该研究发现"把"字句的使用率[①]仅次于"是……的"句、"是"字句和"有"字句，高于其他句式。甚至"与中国人相比，外国学习者使用'把'字句的频率并不低，还会高一点。"同时，"把"字句使用的偏误率为12.52%，亦高于绝大多数汉语句式。以上论据足以说明"把"字句在留学生汉语学习中的重要性和高难度。

3.1.3 留学生"把"字句的使用与教学研究

对外汉语教学有别于语文教学，因此对留学生的"把"字句句式的教学需要考虑使用频率、交际需求、学习难度等多方因素，李英等（2005）使用笔头造句的形式对留学生使用"把"字句的情况进行了调查研究，并大致得出了10种"把"字句的习得顺序。田靓（2012）基

[①] "把"字句的使用率为0.092%。

于"构式—语块分析法"理论,构建了"把"字句分级、分层的教学模式,此类相关研究为教学和教材编写提供了有益信息。Wen(2012)的研究发现,汉语学习者的语言能力越高,使用"把"字句的频率和准确度也就越高,影响学习者习得"把"字句的主要因素是动词词组的复杂形义关系。姜德梧(1999)对留学生在汉语水平考试中回答"把"字句试题的情况,发现学生在"把"字句测试中的通过率不高,多数错误与否定词或介词有关。上述研究发现为本文设计"把"字小测验带来诸多启发。

3.1.4 留学生"把"字句使用策略研究

"把"字句习得的高难度也体现在学习者普遍使用的回避策略上。相关研究普遍发现,学习者在自然产出中倾向于回避使用"把"字句,没有把握时不用"把"字句,该用时也不用,因为他们担心在这个复杂结构上犯错误(熊文新,1996;刘颂浩,2003;Du,2006;郑家平,2017;姜有顺,2018)。因此,在对"把"字句的练习和测试方面,应有意识地设计一些具有明确语境和限定意义的题型,引导学生在作答时尽可能多地操练"把"字句。本文在设计小测验时受此提示,在造句题型上给出了提示词语,为学生设置了使用"把"字句的条件。

3.1.5 小结

结合前人研究成果及有待进一步思考和探索的问题,本研究将重点聚焦以下三个方面:第一,不同汉语水平留学生"把"字句的使用质量情况;第二,对"把"字句的适用范围掌握情况;第三,"把"字句的自由产出程度。

具体而言,"把"字句的使用质量可以从以下五点来考察:(1)与动词有关的错误,如动词缺失、动词缺"了"等问题(刘颂浩等,2003)。(2)搭配不当,包括动宾搭配不当、动补搭配不当(李英等,2005)。

(3)"把"字的缺失与误用。(4)介词的误用。(5)句式混用。

具体到留学生普遍难以掌握的"把"字句的适用范围问题,即什么情况该用"把"字句或非用不可,什么情况下不能用"把"字句,学界一致认为"把"字句的教学和练习设计作用重大,"语境的设计成了'把'字句教学中的核心问题"(刘颂浩等,2003)。此外,张宝林(2010)在语料库统计研究的基础上提出了"大力加强'把'字句的语义语用教学""大力加强句式教学"的建议。可见,需要在具体的限定语境下引导学习者使用"把"字句。

关于留学生自由产出"把"字句的情况,也是前人普遍关注的问题。本文认为可以通过在具体语境中设计问题,考察学生根据情境自由产出"把"字句的情况。

上述关注点最终都将落实和体现在"把"字句的学习和教学当中。有关留学生对"把"字句的习得顺序,当前的研究成果表示"比较粗略、初步,并不十分精准"(李英等,2005),有待进一步的研究与验证。有关不同汉语水平的留学生对"把"字句不同句式难度的学习体验,以及教师在教学实践中对"把"字句教学难度的反馈,都有待调查与探讨,这也正是本研究的关注点所在。

3.2 研究目的

本研究采用小测验和问卷调查相结合的研究思路。一方面,通过分析留学生"把"字句学习小测验的测验结果,细致考察不同汉语水平留学生"把"字句的使用质量,以及对"把"字句适用范围的掌握情况,比较不同水平留学生习得"把"字句存在的错误类型差异,梳理留学生掌握"把"字句多种句式的顺序。另一方面,请教师和学生分别从教学难易度和学习难易度方面对16种"把"字句句式结构做出判断,并采用聚类分析法对"把"字句多种句式结构之间的亲疏、远近关系进行等级聚类分析，为"把"字句多种句式习得顺序的确定和解释提供定量研究依据。本研究的实证调查结果将为"把"字句的教学提供反馈信息，为"把"字句的教学安排和教材编写提供实证数据支撑。

3.3 研究设计

3.3.1 设计一：不同汉语水平留学生对"把"字句的习得效果差异研究

3.3.1.1 研究问题

本研究认为，留学生对"把"字句的习得效果具体体现在"把"字句的使用质量、"把"字句的适用范围、"把"字句的自由产出三个方面。留学生对"把"字句的掌握情况会随着汉语水平的不同存在显著差异。

3.3.1.2 研究假设

（1）不同水平留学生在"把"字句的使用质量方面存在显著差异。

（2）不同水平留学生对"把"字句的适用范围掌握情况存在显著差异。

（3）不同水平留学生自由产出正确的"把"字句的程度存在显著差异。

3.3.1.3 研究方法

（1）实验设计

本实验是一个2*3的两因素混合实验设计。因素一为测试题型，属于被试内因素，题型包括判断正误、选择、造句三个水平。因素二为留学生的汉语水平，属于被试间因素，包括初级、中级、高级三个水平。因变量为测验得分。

（2）被试

60名汉语学习者参与测试，其中初级、中级、高级水平学生各20人。

（3）实验材料

实验材料为本研究自编的"把"字句考查小测验（见附录1），该测验共27题，由三种题型组成。第一部分为"判断正误"，共15道题，目的在于考查学生的"把"字句使用质量。15种"把"字句句式的选取，借鉴了前人的研究成果（崔希亮，1995；吕文华，1999；范晓，2001），命题时依据上文提到的习得"把"字句的五个难点进行具体命题。第二部分为"选择题"，共7道题，通过设置对话语境，突出"把"字句的语用功能，让学生在上下文语境中判断用"把"和不用"把"的区别，目的在于考查学生对"把"字句适用范围的掌握情况。第三部分为"造句"，共5道题，每道题目都是在具体语境中设计问题，并给予一定的提示词启发学生造句，目的在于考察学生根据情境自由产出"把"字句的情况。

学生在作答时不可以参阅课本或工具书，不可以与其他人商量。

3.3.1.4 研究结果

（1）"把"字句小测验的质量分析

经过阅卷分析，可以得到小测验27道题目的质量指标，详见表1。

表1 "把"字句小测验题目的描述性统计量（题目的平均难度和标准差，N=60）

题型	平均难度	标准差	题型	平均难度	标准差
判1	0.52	0.504	判15	0.60	0.494
判2	0.75	0.437	选1	0.97	0.181
判3	0.78	0.415	选2	0.90	0.303
判4	0.52	0.504	选3	0.85	0.360
判5	0.43	0.500	选4	0.72	0.454
判6	0.83	0.376	选5	0.93	0.252
判7	0.57	0.500	选6	0.80	0.403
判8	0.77	0.427	选7	0.97	0.181
判9	0.35	0.481	造1	0.72	0.454
判10	0.73	0.446	造2	0.52	0.504
判11	0.97	0.181	造3	0.70	0.462
判12	0.72	0.454	造4	0.62	0.490
判13	0.95	0.220	造5	0.55	0.502
判14	0.67	0.475	全卷	0.72	0.406

可以看出，本研究自编的"把"字句考查小测验全卷平均难度为0.72，标准差0.406，难度适中偏易，比较适合全体学生作答，在一定程度上能够区分学生掌握"把"字句的不同水平程度。

（2）假设检验结果

本研究采用单因素方差分析来检验不同水平学生作答"把"字句三种不同考察点上的差异，分析结果如下。

表2　不同水平留学生"把"字句使用质量的差异检验

因变量：判断题

源	III型平方和	df	均方	F	Sig.
校正模型	95.433a	2	47.717	11.262	.000
截距	6161.067	1	6161.067	1454.165	.000
汉语水平	95.433	2	47.717	11.262	.000
误差	241.500	57	4.237		
总计	6498.000	60			
校正的总计	336.933	59			

表3　不同水平留学生"把"字句适用范围掌握的差异检验

因变量：选择题

源	III型平方和	df	均方	F	Sig.
校正模型	2.133a	2	1.067	.703	.499
截距	2220.417	1	2220.417	1464.011	.000
汉语水平	2.133	2	1.067	.703	.499
误差	86.450	57	1.517		
总计	2309.000	60			
校正的总计	88.583	59			

表4　不同水平留学生"把"字句自由产出的差异检验

因变量：造句

源	III型平方和	df	均方	F	Sig.
校正模型	27.700a	2	13.850	5.204	.008
截距	576.600	1	576.600	216.653	.000
汉语水平	27.700	2	13.850	5.204	.008

续表

源	III型平方和	df	均方	F	Sig.
误差	151.700	57	2.661		
总计	756.000	60			
校正的总计	179.400	59			

根据以上分析结果，我们从中得出如下结论：单因素方差分析结果显示，初、中、高三种水平学生在"把"字句的使用质量上存在显著差异（f=11.262，p=0.000<0.05）；初、中、高三种水平学生对"把"字句的适用范围掌握情况不存在显著差异（f=0.703，p=0.499>0.05）；初、中、高三种水平学生自由产出正确的"把"字句的程度上存在显著差异（f=5.204，p=0.008<0.05）。

结合不同水平学生的全卷总体得分（详见表5），我们能够看出，高级水平留学生在掌握"把"字句的适用范围、"把"字句的自由产出方面明显高于中级、初级水平留学生，可见熟练掌握使用"把"字句的语境和条件，能够自由产出"把"字句，是汉语水平达到较高水平的重要表现之一。

表5 初、中、高三种水平留学生在"把"字句三种考查题型上的得分

学生水平	人数	判断正误题得分（平均分）	选择题得分（平均分）	造句题得分（平均分）	总分（平均分）
初级	20	167（8.35）	119（5.95）	55（2.75）	341（17.05）
中级	20	221（11.05）	119（5.95）	50（2.5）	390（19.5）
高级	20	220（11）	127（6.35）	81（4.05）	428（21.4）

具体来看，学生在不同的汉语水平阶段，习得"把"字句不同侧重点的进度并非等距。在"把"字句使用质量侧重点上，中级水平学生的得分明显高于初级学生，而高级水平学生的作答得分则与中级学生基本一致，说明学生的汉语水平从初级发展到中级水平后，"把"字句的使用质量明显提高，而高级阶段学生在"把"字句的使用质量上趋于稳

定，水平不再有大幅提升。相反，在"把"字句适用范围的掌握情况以及自由产出"把"字句方面，中级水平学生的测验得分较初级学生并没有明显的进步，但是高级水平学生在这两个方面明显优于中级学生，因此可以说高级水平学生在正确使用"把"字句的同时，基本掌握了该句式的使用语境和条件，并能根据需要自行产出"把"字句的表达语句。当学生掌握了后两种考查题型时，其汉语水平已然达到了较高水平。

由此可见，学生在习得"把"字句的过程中，不同水平等级的学生掌握"把"字句不同侧重点的过程是分阶段完成的，而且在提升进度上并不是整齐划一、等距增强的。

3.3.1.5 从学生作答结果看"把"字句的教学顺序

根据60名学生（初级、中级、高级学生各20名）作答"把"字句小测验的结果，结合题目分析，我们尝试以判断正误题的题目难度为主要参考指标[①]，并以此部分题目的平均难度（P=0.68）为基准，对留学生"把"字句的掌握情况进行初步排序。

表6 "把"字句小测验题目难度[②]排序

题目	题目难度	考查点
11. 我存在银行钱。	0.97	介词词组做补语
13. 我把衣服洗干净了。	0.95	具体意义的结果补语
6. 每个人都想把自己不愿意做的事情别人。	0.83	动词缺失
3. 所以父母不应该把孩子们看成小皇帝。	0.78	完整的"把"字句语序
8. 把歌星做每一件事情都是对的。	0.77	"把"字误用，或动词缺失
2. 我们可以新鲜的肉、蔬菜等送给他们。	0.75	"把"字缺失
10. 他终于把电话打通了。	0.73	抽象意义的结果补语
12. 我看到您公司招聘启事以后把这封信写。	0.72	句式混用

---

① 15道判断题基本包含了"把"字句的主要句式。
② 难度也叫难易度。在本研究0、1计分的情况下，难度即为答对率。题目难度系数越大，难度越低，说明题目越容易。

续表

题目	题目难度	考查点
14. 把20年以来一直住的地方离开，我感到舍不得。	0.67	句式混用
15. 今天的活动把我累死了。	0.60	抽象的程度补语
7. 时常在家里东西弄得乱七八糟。	0.57	介词误用在"把"的位置
1. 这个政府成立以来，把这一天决定"开天节"。	0.52	动词搭配不当（中介语）
4. 这都是把现代社会带来的结果。	0.52	"把"字使用多余
5. 即使有人发现吸烟者扔在地上，也没有主动去批评他。	0.43	"把"字及其宾语缺失
9. 我把您教我的方式来教他们。	0.35	"把"误用，介词误用

显然，从表6可以看出，留学生在"把"字句中的介词词组做补语、表示具体意义的结果补语的掌握方面，以及动词、"把"字的使用完整性方面掌握得比较好，可以认为这些句式属于较容易掌握的句式。在句式混用、搭配不当等需要进一步辨识和分析的句式掌握方面，参与测验的绝大多数学生也能较好地掌握和判断。最难掌握的是"把"字句中具体成分的各种使用问题，例如"把"字及其宾语缺失、"把"误用，介词误用等，这类问题需要有一定水平和积累的高水平学生才能解决和答对。

3.3.2 设计二："把"字句习得顺序的聚类分析

3.3.2.1 研究问题

本研究认为，有必要从教师教学体验的角度和学习者学习的角度了解"教""学"双方对"把"字句的教学和习得体验，从而得到两者关于"把"字句习得顺序的观点，并通过对比分析找到两者体验的共同点和差异所在，以利于进一步指导教学和学习。

3.3.2.2 研究方法

本研究尝试将聚类分析法引入"把"字句的习得顺序研究中。正如"把"字句的多种句式一样，自然科学和社会科学中普遍存在着许多相似而和、相异而分的现象。聚类分析就是用来探索这种聚类、群分普遍规律的统计方法（秦晓晴，2003；王士元，1992）。分类的基本原则是：同类里的个体之间应尽可能相似，不同类的个体之间应尽量相异。本研究将采用语言学研究中使用最普遍的等级聚类分析法，将教师和学生在问卷中对"把"字句的难易判断结果进行聚类分析，以层次结构树状图的形式输出结果，从而直观地呈现教师和学生对16种"把"字句之间的亲属关系和相似程度，同时结合教师问卷、学生问卷中各个调查题目的得分指标，梳理"把"字句的习得顺序。

3.3.2.3 被试

70名汉语学习者参与了学生调查问卷，其中初级水平学生20人，中级水平学生25人，高级水平学生25人。

16名对外汉语教师参与了教师调查问卷。

3.3.2.4 实验材料

该部分的实验材料为分别针对教师和留学生的调查问卷（详见附录2）。两种调查问卷均集中对16种"把"字句句式的难度进行调查。问卷调查中使用的16种"把"字句句式是在小测验中判断题型采用的15种句式的基础上，将结果补语进一步拆分为具体意义和抽象意义两类，从而得到了16种句式。

教师版问卷的设计，按照"把"字句的两种主要语义，分成"位移（处置）义"和"结果（致使）义"两部分[①]。问卷要求教师根据教学体

[①] 李英等（2005）指出，跟表处置义的"把"字句相比，表致使义的"把"字句语义更复杂、更难学。因此，在教学中宜明确把两种意义区分开来，以廓清学习者的认识。

验，采用五度量表对 16 种句式的教学难度①进行打分。学生版问卷则没有细分两大语义，仅要求学生根据句式的学习难度感受，对同样的 16 种句式做出难度方面的是非判断，并写出三句最常用的"把"字句。

在具体实施中，学生版的调查问卷与"把"字句小测验分两个时间段分别施测，以避免测验与问卷作答相互干扰。

3.3.2.5 教师问卷分析

（1）教师问卷统计分析

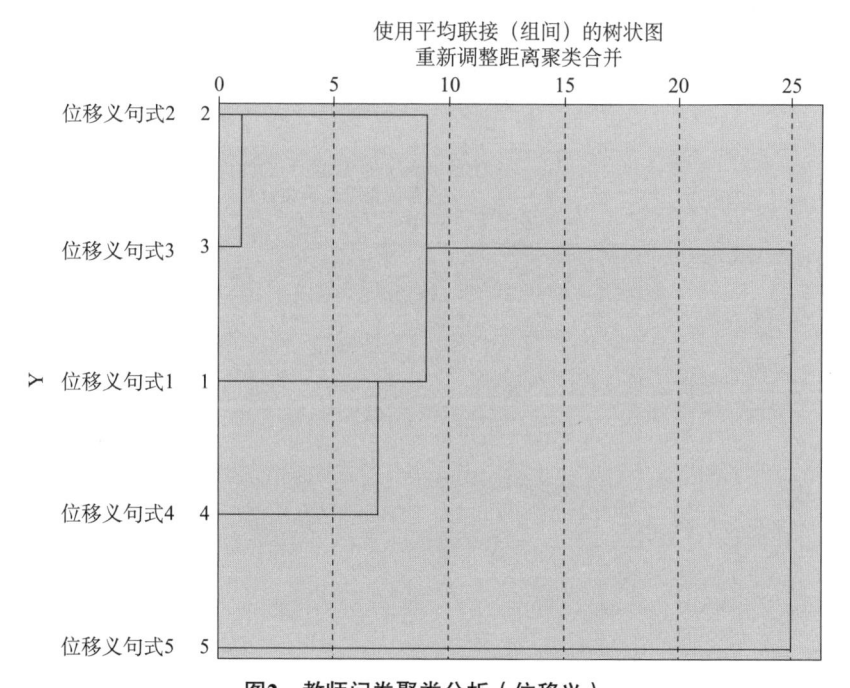

使用平均联接（组间）的树状图
重新调整距离聚类合并

图2　教师问卷聚类分析（位移义）

表7　教师问卷中"把"字句"位移义"的调查统计结果

位移义			
序号	句式	例句	平均难度
1	S+把+N1+V+在/给/到+N2	很多外国公司把工厂搬到中国。	2.56
2	S+把+N+V（一/了）V	我把这个菜炒一炒。	2.75

---

① 此处的难度按由易到难的标准，分为 1—5 分。分值越高，说明难度越大。

续表

位移义				
序号	句式	例句	平均难度
3	S+把+N1+V+N2	你把这个好消息告诉他。	2.25
4	S+把+N+V+趋向补语	她把包扔过去了。	3
5	S+把+N+一V	他把书包一扔，就走了。	4.375

根据教师问卷聚类分析（位移义）结果，结合问卷题目的难度统计，可以看到，教师们普遍认为句式1、2、3在教学上难度较低，属于同一难度等级，句式4难度稍大，句式5在"位移义"的教学上难度最大。

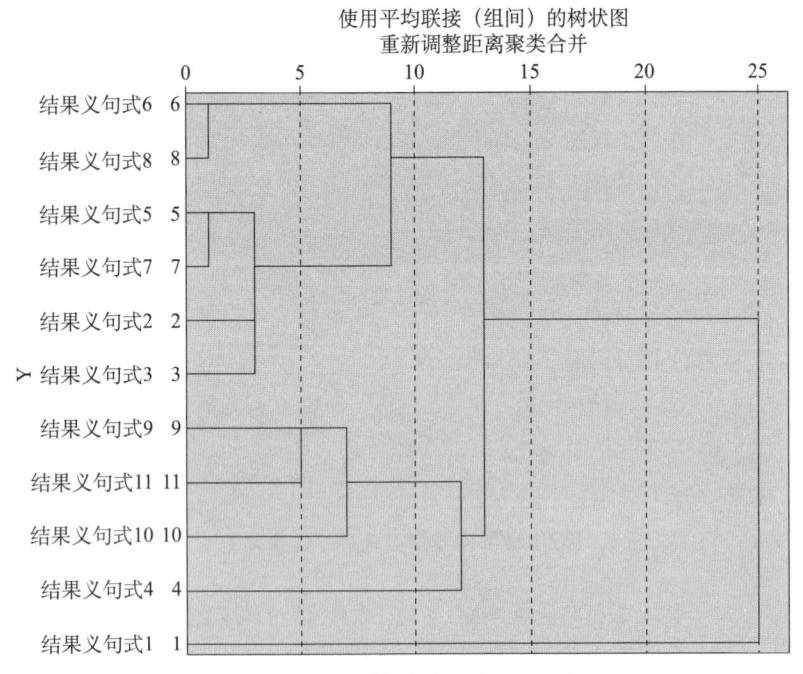

图3 教师问卷聚类结果（结果义）

表8 教师问卷中"把"字句"结果义"的调查统计结果

序号	句式	例句	平均难度
结果义			
1	S+把+N1+V+了	他把这杯酒喝了。	1.56
2	S+把+N+V+动量补语	他把钱数了好几遍。	3.06
3	S+把+N+V+结果补语	我要努力把汉语学好。	2.69
4	S+把+N1+V+成/作+N2	我把人民币换成美元。	2.69
5	S+把+N+V+结果补语	他终于把电话打通了。	3.19
6	S+把+N+V+程度补语	这件事我急死了。	3.88
7	S+把+N+V+时量补语	我把弟弟关了一小时。	3
8	S+把+N+V+情态补语	这件事把我吓了一跳。	3.81
9	S+把+N+AV	他总是把东西乱放。	3.81
10	S+把+N+给+V+其他成分（多表示不满）	他把手机给弄坏了。	3.06
11	表致使义的"把"字句	我把这个会议取消了。	3.5

在教师问卷（结果义）的统计结果上，相比问卷题目难度统计结果，聚类分析给出的信息更加全面，分类更加细致。从聚类结构图可以看出，句式2、3属于一类，句式5、6、7、8属于一类，句式9、10、11属于一类，另外句式1、4各自代表了一种情况。联系具体的句式构成以及教师们给出的各句式难度指标，可以认为，句式2、3可以在同一阶段安排教学，句式5、6、7、8属于同一教学阶段，句式9、10、11则属于另一教学阶段，而句式1、4属于一种固定搭配的"把"字句句式，可以根据其难度指数，相应归入某一教学阶段。

（2）教师问卷反馈的教学顺序

结合上述统计分析，我们以难度指数3为基准，梳理教师问卷对"把"字句各句式的教学难度，从而形成"把"字句的教师视角下的教学顺序。

表9 教师视角下"把"字句的教学排序

句式	平均难度	建议教学阶段	李英等（2005）的排序
S+把+N1+V+了	1.56	初级	初级1
S+把+N1+V+N2	2.25	初级	初级1
S+把+N1+V+在/给/到+N2	2.56	初级	初级1
S+把+N+V+结果补语（具体意义）	2.69	初级	初级2
S+把+N1+V+成/作+N2	2.69	初级	初级2
S+把+N+V（一/了）V	2.75	初级	中级2
S+把+N+V+趋向补语（具体意义）	3	初中级	初级2
S+把+N+V+时量补语	3	初中级	中级1
S+把+N+V+动量补语	3.06	中级	初级1
S+把+N+给+V+其他成分（多表示不满）	3.06	中级	中级2
S+把+N+V+结果补语（抽象意义）	3.19	中级	中级1
表致使义的"把"字句	3.5	中高级	高级
S+把+N+V+情态补语	3.81	中高级	中级1
S+把+N+AV	3.81	中高级	中级2
S+把+N+V+程度补语	3.88	中高级	中级1
S+把+N+一V	4.375	中高级	中级2

3.3.2.6 学生问卷分析

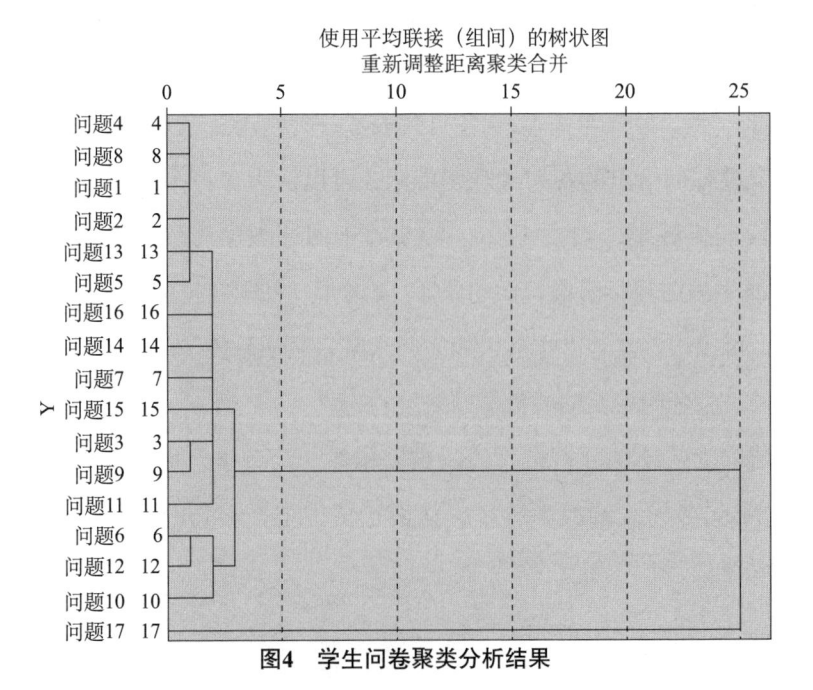

图4 学生问卷聚类分析结果

从以上学生问卷聚类输出结构图可以看出，句式 1、2、4、5、8、13 属于一个难度[1]等级，句式 3.5、7、9、11、13、14、15、16 属于一个难度等级（其中个别句式存在等级交叉现象），句式 6、10、12 属于同一难度等级。

结合聚类结构以及学生作答的有关"把"字句的各个句式的难度指标，我们将学生视角下"把"字句习得顺序梳理如下。

表10 学生视角下"把"字句习得顺序

句式	例句	平均难度	建议教学阶段	李英等（2005）的排序
S+把+N1+V+在/给/到+N2	很多外国公司把自己的工厂搬到中国。	0.96	初级	初级1
S+把+N1+V+了	他把这杯酒喝了。	0.86	初级	初级1
S+把+N+V+动量补语	他把钱数了好几遍。	0.76	初级	初级1
S+把+N+V（一/了）V	我把这个菜炒一炒。	0.90	初级	中级2
S+把+N1+V+N2	你把这个好消息告诉他。	0.70	初级	初级1
S+把+N+V+趋向补语	她把包扔过去了。	0.76	初级	初级2
S+把+N1+V+成/作+N2	我把人民币换成美元。	0.94	初级	初级2
S+把+N+AV	他总是把东西乱放。	0.83	初中级	中级2
S+把+N+V+结果补语	我要努力把汉语学好。	0.49	中高级	中级1
S+把+N+V+结果补语	他终于把电话打通了。	0.69	初中级	中级1
S+把+N+V+时量补语	我把弟弟关了一小时。	0.73	初中级	中级1
S+把+N+V+情态补语	这件事把我吓了一跳。	0.61	中高级	中级1
S+把+N+一V	他把书包一扔，就走了。	0.73	中高级	中级2
S+把+N+给+V+其他成分（多表示不满）	他把手机给弄坏了。	0.71	中高级	中级2
表致使义	我把这个会议取消了。	0.70	中高级	高级
S+把+N+V+程度补语	这件事把我急死了。	0.33	中高级	中级1

---

[1] 学生问卷的难度计分仍为 0、1 计分，难度系数越高，说明题目越容易。

3.4 讨论

3.4.1 本研究印证了前人"把"字句习得顺序的研究结论

从学生作答"把"字句小测验的分析结果，以及对"把"字句各句式的难度指标的问卷反馈信息来看，从留学生角度反映出的"把"字句各类句式的习得难度与李英等（2005）提出的"把"字句习得顺序基本一致，可见本研究采用实证小测验和难度问卷调查法所获结论与前人采用笔头造句（李英等，2005）的调查结果并无异议。

3.4.2 "教""学"双方对"把"字句个别句式的难度体验存在差异

在"把"字句习得和教学难度问卷调查中，来自教师的反馈与来自学生的反馈基本一致，只是在针对"S+ 把 +N+V+ 动量补语""S+ 把 +N+AV"两个句式的难度反馈上，教师反馈在教学体验上有一定的难度，认为适合在中级和中高级水平的学生中开展教学；但是学生问卷的反馈显示，这两个句式比较容易掌握，难度分别为 0.76 和 0.83，适合在初级或初中级阶段学习。可见，教师教学中对"把"字句个别句式的难度体验与学生并非完全一致，说明从"教"与"学"不同视角开展调查是非常必要的。给我们的启示是，在实际教学中"S+ 把 +N+V+ 动量补语""S+ 把 +N+AV"这两个句式可以在初级、初中级阶段先行教学，根据学生接受和掌握程度，延伸教学至中级阶段。

3.4.3 学生习得"把"字句的进展是分阶段的、有侧重的

根据 60 名学生在"把"字句小测验上的表现得分，我们能够看出，学生掌握"把"字句不同侧重点的过程是分阶段完成的，在提升进度上并不是整齐划一、等距增强的。当学生的汉语水平发展到中级阶段时，在"把"字句的使用质量上会有明显的提高，之后则基本保持这一水平。在掌握"把"字句的适用条件和语境、自由产出句式侧重点上，学

生汉语水平只有达到高级阶段时才能明显体现出对此方面的灵活掌握与应用，之前的初级和中级阶段都属于积累状态。可见，熟练掌握使用"把"字句的语境和条件，能够自由产出"把"字句，是汉语水平达到较高水平的重要表现之一。

3.4.4 "把"字句的教学需加强关注学生汉语水平的过渡阶段

针对"把"字句难度调查问卷的统计结果，本研究分别列出了教师问卷、学生问卷反馈后的各类句式"建议教学阶段"（详见表9和表10），与李英等（2005）的习得排序相比，本研究增加了初中级阶段和中高级阶段，删除了高级阶段。其原因在于，对"把"字句的个别句式的掌握是随着汉语水平的提高循序渐进的过程，很难界定在初级或中级开展教学，而处于两个水平衔接阶段的初中级、中高级也许能更清楚、更可行地给教学和学习以启示。此外，从学生作答"把"字句小测验的结果可见，中高级水平以及高级水平的学生才能够更好地辨识"把"字句使用的准确性和得体性，更自然地运用"把"字句，因此本研究认为，"把"字句的各类句式的教学应在中级或中高级阶段完成，而不必延伸至高级阶段。此建议与前人研究有相似指出，例如肖奚强等（2009）对外国留学生输出的中介语，以及使用的教材、教学大纲进行对比分析，结果发现绝大多数句式及下位类在中级学习阶段已经基本习得。肖（2009）的研究将"把"字句分为5大类，下位句式数为12种，其中初级阶段习得7种句式，中级阶段习得4种句式，高级阶段习得1种句式。高级阶段的学习应注重句式在篇章中的功能教学，而不宜简单地将现有的初中级语法项目"疏散"到高级阶段教授（肖奚强，2017）。可以说，本研究也从另一个侧面印证了肖奚强等（2009）的研究主张。

3.5 结语

"把"字句多种句式的选取、确定和教学分级是一个系统工程，需要进行专门的研究，不可能一蹴而就。它应该随着整个教学语法体系的完善而完善（肖奚强，2017）。本研究聚焦于"教"与"学"双方的难度体验，通过实施"把"字句小测验和"把"字句各句式难度调查问卷，探求教师和学生在实际教学和学习中对"把"字句的难度反馈，调查结果在一定程度上验证了前人的相关研究结论，同时也比较细致地挖掘了"教"与"学"的不同体验。在此基础上，本研究建议"把"字句的教学分布应注重初中级、中高级阶段，也就是学生汉语水平在不同等级之间的过渡阶段，这个阶段相对来说是一个较长的时期，同时也是学习掌握"把"字句的重要时期，因此建议在实际教学中，"把"字句的句式教学可以在中高级阶段全部呈现并完成，高级阶段则用于进一步吸收、消化和运用"把"字句。我们相信，本文基于实证研究的结果将有助于我们进一步了解"把"字句的习得与使用过程，无论对于对外汉语教学研究还是对于留学生习得"把"字句的规律研究，都具有一定的参考意义。

第四节　本章小结

学习机会概念是国际教育测评项目中重要的预测指标，并在跨国比较研究中被证明与学生或教师的表现密切相关。基于此，本章选取TIMSS、PISA等国际教育测评项目进行分析与比较，从而提出我国基础教育可以从以下两个方面完善相关政策与措施。对教育行政部门和学校而言，学习机会概念在国际教育测评项目中的广泛应用为我国基础教育质量监测的指标设计与工具研发提供了借鉴；对学生个体而言，通过对学习机会的测评可以记录他们学业成功或失败的连续数据，为教师开展有针对性的个性化指导提供科学的依据。尤其是PISA项目对学生数学学习时间、特定数学主题的熟悉程度等指标的测评可以真实地反映教师教学和学生学习的内在过程，精准地定位学生需要什么、已经学到了什么，为教师根据学生的特质、兴趣和特长调整教学策略、实施个性化教学指引了明确的方向。

"把"字句多种句式的选取、确定和教学分级是一个系统工程。本章聚焦于"教"与"学"双方的难度体验，通过实施"把"字句小测验和"把"字句各句式难度调查问卷，探求作为汉语母语者的教师和汉语学习者在实际教学和学习中对"把"字句的难度反馈，调查结果在一定程度上验证了前人的相关研究结论，同时也比较细致地挖掘了"教"与"学"的不同体验。本章基于实证研究的结果将有助于学界进一步了解"把"字句的习得与使用过程，无论对于小学语文教学研究还是对于留学生习得"把"字句的规律研究，都具有一定的参考意义。

附录 1

汉语学习小测验

姓名：_____ 性别：_____ 班级：_____

国籍：_____ 学习汉语时间：_____

一、判断正误

要求：判断下列句子的表达是否正确，在正确的句子后画"√"，错误的句子后画"×"。

1. 这个政府成立以来，把这一天决定"开天节"。（   ）

2. 我们可以新鲜的肉、蔬菜等送给他们。（   ）

3. 所以父母不应该把孩子们看成小皇帝。（   ）

4. 这都是把现代社会带来的结果。（   ）

5. 即使有人发现吸烟者扔在地上，也没有主动去批评他。（   ）

6. 每个人都想把自己不愿意做的事情别人。（   ）

7. 时常在家里东西弄得乱七八糟。（   ）

8. 把歌星做每一件事情都是对的。（   ）

9. 我把您教我的方式来教他们。（   ）

10. 他终于把电话打通了。（   ）

11. 我存在银行钱。（   ）

12. 我看到您公司招聘启事以后把这封信写。（   ）

13. 我把衣服洗干净了。（   ）

14. 把 20 年以来一直住的地方离开，我感到舍不得。（   ）

15. 今天的活动把我累死了。（   ）

二、选择

要求：请根据对话双方的谈论话题，选出表达最恰当的一种说法（只能选一个答案）。

1. 女：老王最近怎么总忘记带手机？

    男：是啊，_____。

    A 他昨天又把自行车忘在门口了　　B 他的自行车昨天又忘在门口

2. 男：我的白衬衣呢？你见过吗？

    女：_____。

    A 这件衣服放到柜子里了　　B 我把这件衣服放到柜子里了

3. 女：对不起，_____。

    男：没关系，你别难过。

    A 花瓶打碎了　　B 我把花瓶打碎了

4. 男：闹钟里的电池没电了，我买了新电池。

    女：太好了！正好没事，_____。

    A 新电池这就装上　　B 我这就把新电池装上

5. 女：家里又脏又乱，怎么招待客人啊。

    男：别着急，_____。

    A 我们马上把房间收拾干净　　B 房间马上收拾干净

6. 男：爷爷喜欢唱歌，一有空而就会哼唱几首。

    女：是啊，我还看到_____，听听自己唱得好不好。

    A 录下来唱的歌　　B 他把唱的歌录下来

7. 女：这本书过期了，该还书了。

    男：我正要去图书馆，_____。

    A 帮你把书还回去吧　　B 书还回去了

三、造句

要求：根据情景，用给出的词语造句子。

1. 情景：你去银行换钱，怎么跟银行的工作人员说呢？

   使用词语：美元、人民币、换

   造句：你好，我想_____

2. 情景：老师上课的时候，看见大明的课桌上没有书，老师会怎么说？

   使用词语：书、拿

   造句：大明，请你_____

3. 情景：你有一本书想请李红交给王成，你会怎么对李红说？

   使用词语：书、交

   造句：李红，请你帮我_____

4. 情景：你第一次出国过海关，不知道该怎么办，海关人员会怎么说？

   使用词语：护照、看、行李、托运

   造句：请你_____，再_____

5. 情景：你的留学生活结束了，将要回国了。你怎么处理你的东西？

   使用词语：电视、送、衣服、带、书、寄、不要的东西、扔

   造句：我要回国了，我准备_____

（完）

附录 2

调查问卷（学生版）

各位同学：

大家好！本次调查是希望了解同学们在学习汉语"把"字句时的体会和感想，请抽空作答本次问卷，非常感谢同学们的配合与帮助！

年龄：_____　性别：_____　国籍：_____

班级：_____　学习汉语多长时间：_____　HSK 等级：_____

一、请看下面的"把"字句，在你认为容易学的句式后画"√"，在认为难学的句式后画"×"，注意：请作答每一道题目。

1. 很多外国公司把自己的工厂搬到中国。（　　）

2. 他把这杯酒喝了。（　　）

3. 他把钱数了好几遍。（　　）

4. 我把这个菜炒一炒。（　　）

5. 你把这个好消息告诉他。（　　）

6. 我要努力把汉语学好。（　　）

7. 她把包扔过去了。（　　）

8. 我把人民币换成美元。（　　）

9. 他终于把电话打通了。（　　）

10. 这件事我把急死了。（　　）

11. 弟弟等了一小时。（　　）

12. 这件事把我吓了一跳。（　　）

13. 他总是把东西乱放。（　　）

14. 他把书包一扔，就走了。（　　）

15. 他把手机给弄坏了。（　　）

16. 我把这个会议取消了。（　　）

二、请写下你平时最常用的3个"把"字句。

1._____

2._____

3._____

（结束语）

感谢你的参与！

"把"字句聚类分析调查（教师版）

各位老师：

您好！本人拟对"把"字句的16种句式进行聚类分析，其中设定分类变量为"位移义"和"结果义"。请从教学实践角度出发，根据从简单到复杂，从具体到抽象，从必用到选用的原则，对变量中的每个句式进行判断，由易到难分别对应"1～5"，请在您认为对应的难度指数下画"√"，帮助我们完成此次调查。谢谢！

\multicolumn{6}{c	}{位移义}
序号	句式	例句	1	2	3	4	5
1	S+把+N1+V+在/给/到+N2	很多外国公司把工厂搬到中国。					
2	S+把+N+V（一/了）V	我把这个菜炒一炒。					
3	S+把+N1+V+N2	你把这个好消息告诉他。					
4	S+把+N+V+趋向补语	她把包扔过去了。					
5	S+把+N+一V	他把书包一扔，就走了。					

\multicolumn{6}{c	}{结果义}
序号	句式	例句	1	2	3	4	5
1	S+把+N1+V+了	他把这杯酒喝了。					

续表

结果义							
序号	句式	例句	1	2	3	4	5
2	S+把+N+V+动量补语	他把钱数了好几遍。					
3	S+把+N+V+结果补语	我要努力把汉语学好。					
4	S+把+N1+V+成/作+N2	我把人民币换成美元。					
5	S+把+N+V+结果补语	他终于把电话打通了。					
6	S+把+N+V+程度补语	这件事把我急死了。					
7	S+把+N+V+时量补语	我把弟弟关了一小时。					
8	S+把+N+V+情态补语	这件事把我吓了一跳。					
9	S+把+N+AV	他总是把东西乱放。					
10	S+把+N+给+V+其他成分（多表示不满）	他把手机给弄坏了。					
11	表致使义的"把"字句	我把这个会议取消了。					

感谢您的帮助与支持！

结　语

中国作为一个历史悠久且当下正在迅速崛起的世界大国，目前学界已经着手开始对国民的语文能力进行一系列专门、深入、系统的全面研究，力争建立起适用于对外推广和影响世界的国家语文能力测试体系。正因如此，迫切需要通过持续研究和工作实施推进，逐步建立起国民语文能力（不仅仅是汉语知识）的权威科学内涵体系和分级评价检测系统（陈跃红，2015）。基于此，由北京大学主持的国家社会科学基金重大项目"国民语文能力研究暨测试系统分类建设"应运而生，显然，该项目的重大学术理论价值和社会应用价值都不言而喻。

正如项目论证书中所说"目前我国还没有面对全体国民的，具有国家标准意义上的国民语文能力的标准以及检测系统，对其进行研究并逐步建立起这一系统，是一个迫切和严峻的国家层面的学术课题"。本书作为该重大项目子课题的研究成果之一，根据项目的规划设计和预期研究目标，将聚焦于对国民语文能力的学术性探讨和测评技术的梳理研究。课题组依据多年研发和实施汉语能力测评的成果和经验，对语文核心素养、阅读能力、写作能力、口语交际能力、国际教育测评项目（如PISA、PIRLS、NAEP）等研究内容进行了梳理与综述，为国民语文能力测评的设计研发奠定基础。由于该研究课题具有很强的跨学科性，在理论基础和研究方法上具有多元化特征，研究者需要聚焦于具体问题进行深入探索。在这一思路的统领下，本书从核心素养在我国语文教育与测评中的体现、阅读能力研究与国际教育测评对阅读核心素养培养的启示、PISA 阅读素养测评框架发展研究、母语写作测试研究、我国中小学语文口语交际能力培养与测评、我国国民语文能力测评发展研究等研究视角进行了较为细致的分析与探索。

限于能力、时间有限，本书所做的系列研究还只是一个初探。国民语文能力研究是一个需要较长时段展开持续性探求的重大研究。经过本书的梳理和写作，我们希望在已有的研究基础上，继续开展长期、系统、深入、细致的研究，为我国的国民语文能力研究与测试系统分类建设贡献力量。

参考文献

安奇（2018）把握统编教材特点　落实语文核心素养——统编七年级语文教材使用建议，《宁夏教育》第1期。

鲍道宏（2016）"PIRLS" 2016年文学类阅读试题探究，《语文建设》第31期。

曹亦薇、杨晨（2007）使用潜语义分析的汉语作文自动评分研究，《考试研究》第1期。

柴省三（2015）中美留学生教育招生考试体系对比研究，《中国考试》第5期。

陈纯纯（2012）《阅读理解策略教学对小学生阅读理解能力及后设认知之影响》，华东师范大学博士学位论文。

陈纯槿、郅庭瑾（2016）信息技术应用对数字化阅读成绩的影响——基于国际学生评估项目的实证研究，《开放教育研究》第4期。

陈良启（2002）《高中语文阅读能力结构》，福建师范大学硕士学位论文。

陈文存（2017）论高考英语写作试题及其发展方向，《中国考试》第6期。

陈向明（2000）《质的研究方法与社会科学研究》，北京：教育科学出版社。

陈一乐（2016）《基于回归分析的中文作文自动评分技术研究》，哈尔滨工业大学硕士学位论文。

陈章太（2007）《语言规划研究》，北京：商务印书馆。

陈章太（2007）论新时期语言文字工作的方针任务，《语言规划研究》，北京：商务印书馆。

程军、刘清华（2013）美国大学招生考试与学校教育的双向互动关系，《教育学术月刊》第9期。

褚宏启（2016）核心素养的概念与本质，《华东师范大学学报（教育科学版）》第1期。

褚宏启、张咏梅、田一（2015）我国学生的核心素养及其培育，《中小学管理》第9期。

崔干行（2006）试析国民语文素养与语文教学存在的若干问题，《广州大学学报（社会科学版）》。

参考文献

崔希亮（1995）"把"字句的若干句法语义问题，《世界汉语教学》第 3 期。

戴晓娥（2015）初中语文口语交际能力监测的构想，《上海教育科研》第 7 期。

邓敏（2018）PIRLS 2016 阅读评估及其对我国中小学生阅读教学的启示，《教育测量与评价》第 11 期。

邓宣（2018）《基于在线测评的小学生阅读策略任务设计与评估》，华中师范大学硕士学位论文。

丁金国（2008）语文教育与语体意识，《鲁东大学学报（哲学社会科学版）》第 1 期。

董秀英（2010）语文能力某些构成要素下降的原因，《语文学刊》第 1 期。

董学峰（2016）《国家语言战略背景下的汉语国际推广研究》，东北师范大学学位论文。

杜玲玲（2017）阅读参与度、学习策略与中学生的阅读表现，《教育理论与实践》第 26 期。

段燕霞（2015）《来华留学生元认知策略对其汉语阅读水平的影响研究》，长沙理工大学硕士学位论文。

付瑞吉、王栋、王士进、胡国平、刘挺（2018）面向作文自动评分的优美句识别，《中文信息学报》第 6 期。

巩捷甫（2016）《面向语文作文自动评阅的修辞手法识别系统的设计与实现》，哈尔滨工业大学硕士学位论文。

关丹丹（2016）高考作文改革与评分误差控制：基于测量学的视角，《中国考试》第 5 期。

关璐佳（2019）基于 PISA 阅读素养测评的中学语文阅读教学探究，《西部素质教育》第 3 期。

顾之川（2017）美国 ACT 考试对我国语文考试的启示，《中国考试》第 8 期。

顾之川（2018）高考语文如何落实核心素养，《中国考试》第 10 期。

国家汉语国际推广领导小组办公室（2007）《国际汉语能力标准》，北京：外语教学与研究出版社。

龚郑勇（2018）核心素养视域下的语文教材定位，《教学与管理》第 28 期。

韩宝成（2000）语言测试：理论、实践与发展，《外语教学与研究》第 1 期。

韩小雪（2018）《在线小学语文阅读测评行为模式分析》，华中师范大学硕士学位论文。

何屹松、孙媛媛、汪张龙、竺博（2018）人工智能评测技术在大规模中英文作文阅卷中的应用探索，《中国考试》第 6 期。

何屹松、孙媛媛、张凯、付瑞吉（2020）计算机智能辅助评分系统定标集选取和优化方法研究，《中国考试》第 1 期。

何屹松、徐飞、刘惠、孙媛媛、竺博、储林林（2019）新一代智能网上评卷系统的技术实现及在高考网评中的应用实例分析，《中国考试》第 1 期。

洪秋丽（2018）PIRLS 视域下，如何从四个维度命制阅读测试题，《中小学教学研究》第 7 期。

胡文琛（2018）美日两国大学入学考试体系比较及对我国的启示，《新疆师范大学学报（哲学社会科学版）》第 2 期。

胡玥（2019）国际阅读素养测评项目的比较与启示，《中国考试》第 3 期。

黄国才、朱乙艺（2017）"五层次阅读能力"模型构建实践，《教育评论》第 10 期。

霍紫莹、赵静宇、张敏强、胡家俊（2019）语文作文经典评分与人机结合评分的比较研究，《教育研究与实验》第 3 期。

姜德梧（1999）从 HSK（基础）测试的数据统计看"把"字句的教学，《汉语学习》第 5 期。

姜洪伟、唐鑫（2019）基于 ePIRLS2016 的 9 岁儿童在线阅读能力测评与分析——以河南省某小学为例，《图书馆理论与实践》第 6 期。

姜有顺（2018）基于构式语法的汉语母语者和二语者"把"字句意义表征研究，《解放军外国语学院学报》第 3 期。

姜昱辰（2017）基于语文核心素养的识字写字教学设计，《现代语文（学术综合版）》第 9 期。

金力（2011）计算机辅助大学英语口语测试研究，《外国语文》第 4 期。

金秋月（2015）《延吉市一中口语交际教学的调查与分析》，延边大学硕士学位论文。

靳一鸣（2014）PIRLS 命题依据与我国小学中段阅读命题依据的比较及启示，《焦作师范高等专科学校学报》第 4 期。

靖楠（2006）《中学生二语阅读中的元认知策略研究》，山东大学硕士学位论文。

鞠红（2019）谈部编初中语文教材文学名著阅读教学体会，《中国校外教育》第 17 期。

卡尔·波普尔（2001）《客观知识：一个进化论的研究》，上海：上海译文出版社。

邹毅（2015）浅析中美大学入学考试机制，《中华少年》第 28 期。

乐中保（2008）PISA 中阅读测试的测评框架与设计思路——兼谈对我国阅读测试

的启示，《河北师范大学学报（教育科学版）》第 6 期。

黎运新（2010）《创设情境对话模式，构建开放的评价体系》，华中师范大学硕士学位论文。

李德鹏（2015）论我国公民语言能力的评价标准，《理论月刊》第 12 期。

李刚、辛涛（2020）数字化阅读素养：内涵、测评与培育——基于 PISA2018 的新探索，《教育科学研究》第 3 期。

李宁、王小珊（2001）"把"字句的语用功能调查，《汉语学习》第 1 期。

李筱菊（1997）《语言测试科学与艺术》，长沙：湖南教育出版社。

李雄鹰、秦晓晴（2016）英国大学入学考试评价体系研究，《现代教育科学》第 8 期。

李英、邓小宁（2005）"把"字句语法项目的选取与排序研究，《语言教学与研究》第 3 期。

李英杰（2012）美国 NAEP2011 写作评价框架评介，《语文建设》第 17 期。

李艺、钟柏昌（2015）谈"核心素养"，《教育研究》第 9 期。

李宇明（2005）《中国语言规划论》，长春：东北师范大学出版社。

李宇明（2014）语文生活与语文教育，《语文建设》第 4 期。

李毓秋、张厚粲、李彬、李凤玫（2003）中小学生阅读理解能力结构的研究，《中国教育学刊》第 3 期。

林其雨（2019）PIRLS 对我国小学阅读教学的启示，《语文建设》第 6 期。

林倩（2013）美国学生 CBAL 阅读能力评估模型研究，《上海教育评估研究》第 1 期。

刘芳（2019）澳大利亚 ICAS 测试及其启示，《中国考试》第 2 期。

刘福增（1987）阅读能力结构初探，《中学文科参考资料》第 8 期。

刘慧君（2004）元认知策略与英语阅读的关系，《外语与外语教学》第 12 期。

刘菊华（2015）美国 SAT 写作：2005 年与 2016 年改革比较研究，《教育与考试》第 3 期。

刘明杨、秦兵、刘挺（2016）基于文采特征的高考作文自动评分，《智能计算机与应用》第 1 期。

刘淑晶（2015）让课外阅读之水活起来——基于大数据分析的在线阅读测评实践，《江苏教育》第 1 期。

刘颂浩、汪燕（2003）"把"字句练习设计中的语境问题，《汉语学习》第 3 期。

刘卫平（2019）《基于中文多维度特征指标的小学写作自动反馈研究》，华中师范大学硕士学位论文。

卢丽华（2018）核心素养视野下教师角色的定位，《中学政治教学参考》第 28 期。

陆小平（2006）口语交际评价的研究，《语文教学》第 1 期。

罗丹（2015）"PIRLS"视野下小学生阅读测评研究，《语文建设》第 16 期。

罗德红、龚婧（2016）PISA、NAEP 和 PIRLS 阅读素养概念述评，《上海教育科研》第 1 期。

罗青松（1999）外国人汉语学习过程中的回避策略分析，《北京大学学报（哲学社会科学版）》第 6 期。

吕文茜（2015）基于组配—构式分析法的"把"字句典型构式义研究，《外语研究》第 5 期。

吕晓轩（2016）语言哲学视阈下的语言测试发展研究，《东北农业大学学报（社会科学版）》第 3 期。

毛超（2018）核心素养背景下部编语文教材古诗词教学策略初探，《中国教育学刊》第 S1 期。

莫雷（1990）初中三年级学生语文阅读能力结构的因素分析研究，《心理学报》第 1 期。

莫雷（1990）高中三年级学生语文阅读能力结构的因素分析研究，《应用心理学》第 1 期。

莫雷（1990）小学六年级学生语文阅读能力结构的因素分析研究，《心理科学通讯》第 1 期。

莫雷（1992）中小学生语文阅读能力结构的发展特点，《心理学报》第 4 期。

慕君（2012）PIRLS 与 PISA 视域下的阅读课程改革，《湖南师范大学教育科学学报》第 3 期。

慕君（2018）美国 NAEP 阅读测评的内容确定与指标体系构建，《语文建设》第 34 期。

倪文锦（2002）关于新课标中评价建议的对话，《新课标》第 9 期。

牛悦、於荣（2016）美国大学入学考试 SAT 改革及其启示，《中国人民大学教育学刊》第 2 期。

潘登（2015）阅读能力评估研究文献综述，《人文高地》第 24 期。

彭星源、柯登峰、赵知、陈振标、徐波（2012）基于词汇评分的汉语作文自动评分，《中文信息学报》第 2 期。

乔辉（2015）A-level 考试改革及其对我国教育考试的启示，《考试研究》第 1 期。

秦晓晴（2003）《外语教学研究中的定量数据分析》，武汉：华中科技大学出版社。

邱静远（2014）美国 ACT 和 SAT 语言测试及其对开展汉语能力测试的启示，《中国考试》第 5 期。

屈明颖（2019）国外阅读调查与评估发展历程述略，《出版与印刷》第 1 期。

任长松（2007）美国大学入学考试 ACT 深度剖析，《教育理论与实践》第 10 期。

任桂平（2005）语文学科考试应增设口语交际测试，《上海教育科研》第 11 期。

任富强（2012）逻辑和说理是基本的公民能力——SAT 写作考试的学理审视，《语文学习》第 3 期。

上官卫红（2019）稳中求变——北京高考文学类文本阅读试题与教学研究，陈跃红主编《语文教学与考试研究》，北京：语文出版社。

石小恋（2017）《基于认知诊断的小学生数字化阅读能力评价研究》，华东师范大学硕士学位论文。

石昀东（2019）《基于修辞使用的小学作文自动分类评价方法研究》，华中师范大学硕士学位论文。

宋丽杰（2015）关于小学六年级学生语文阅读能力结构的因素分析研究探讨，《教育探讨》第 10 期。

苏敏华（2015）数字化阅读平台对小学生课外阅读的影响，《软件导刊（教育技术）》第 3 期。

孙德金（2007）汉语水平考试（HSK）的科学本质，《世界汉语教学》第 4 期。

谭嘉敏（2015）利用数字化阅读平台提高学生的阅读兴趣和能力——以《鲁滨逊漂流记》为例，《软件导刊（教育技术）》第 3 期。

唐青才、王正青（2012）国际学生阅读素养测评的理念与方法——基于 2009 年 NEAP 与 PISA 的比较研究，《教育研究与实验》第 1 期。

田靓（2003）《汉语作为外语/第二语言教学的"把"字句研究》，北京大学博士论文。

田良臣（2005）艰难的言说——汉语口语教学百年历程述评，《课程·教材·教法》第 3 期。

田良臣（2006）《语文科口语课程的多维研究》，贵阳：贵州人民出版社。

汪雅婧（2017）《部编本"初中语文教材编写特色及启示——以人教社 2016 年版语

文（七年级上）为例》，湖南师范大学硕士学位论文。

王本华（2017）强化核心素养 创新语文教科书编写理念——部编义务教育语文教科书的主要特色，《教育实践与研究（B）》第 2 期。

王等等、赵康艳（2019）日本大学招生考试制度：沿革、特征及启示，《山东高等教育》第 3 期。

王发明、王烨晖（2019）课程测评中"学习机会"概念对我国课程公平研究的启示，《教育导刊》第 3 期。

王飞艳（2013）中学语文口语交际教学评价中存在的问题及反思，《北京教育学院学报》第 2 期。

王金凤（2017）《基于在线小学语文阅读能力评价的实证研究》，华中师范大学硕士学位论文。

王金凤、刘三女牙、郑年亨、韩小雪（2017）中小学语文作文数字化互动教学策略研究，《中国教育信息化》第 6 期。

王璐、赵博涵（2016）英国大学入学考试的现状与改革趋势，《教育测量与评价》第 6 期。

王宁（2016）语文核心素养与语文课程的特质，《中学语文教学》第 11 期。

王荣生（2012）语文课程目标：转化与具体化——基于《义务教育语文课程标准（2011 年版）》的语文教学建议，《中小学管理》第 4 期。

王士元、沈钟伟（1992）方言关系的计量考察，《中国语文》第 2 期。

王晓龙（2014）创建"汉语作文水平智能测试系统"的研究，《天津教育》第 11 期。

王瑶（2016）ACT 阅读考试对深化国际班英语阅读教学改革的启示，《内蒙古教育》第 2 期。

温儒敏（2016）"部编本"语文教材的编写理念、特色与使用建议，《课程·教材·教法》第 11 期。

吴建设、莫修云（2018）语言类型学视角下外国留学生的"把"字句习得研究，《汉语学习》第 5 期。

吴逸敏（2007）语文听说能力测评的研究与思考，《当代教育科学》第 4 期。

武永明（1990）阅读能力结构初探，《语文教学通讯》第 9 期。

夏林中、罗德安、刘俊、管明祥、张振久、龚爱平（2020）基于注意力机制的双层 LSTM 自动作文评分系统，《深圳大学学报理工版》第 6 期。

夏正江（2001）试论中小学生语文阅读能力的层级结构及其培养，《课程·教材·教法》第 2 期。

肖林（2017）《基于 PIRLS 测评的小学生阅读素养影响因素研究》，西南大学硕士学位论文。

肖奚强、周文华（2009）外国学生汉语趋向补语句习得研究，《汉语学习》第 2 期。

肖奚强（2017）关于教学语法的思考——以句式教学体系为例，《语言教学与研究》第 6 期。

辛涛（2018）国外大学入学考试分数合成方式及其启示，《中国考试》第 6 期。

熊文新（1996）留学生"把"字结构的表现分析，《世界汉语教学》第 1 期。

徐鹏、郑国民（2011）国外母语课程发展的动态及趋势，《河北师范大学学报（教育科学版）》第 2 期。

薛法根（2018）用语文教儿童——统编本小学语文教材的教学要义，《语文建设》第 10 期。

薛荣（2009）论交际口语测试及其评分方法，《外语教学》第 6 期。

薛树敏（2017）《基于在线测评的小学语文阅读能力差异分析》，华中师范大学硕士学位论文。

杨晨、曹亦薇（2012）作文自动评分的现状与展望，《中学语文教学》第 3 期。

杨光富（2015）美国大学入学考试 SAT 改革述评，《全球教育展望》第 1 期。

杨红兵、张国珍、张增甫、帅学芬（2001）高年级学生口语交际评价研究，《考评与测试》第 4 期。

杨美金（2015）借助数字化阅读平台提高小学生阅读兴趣——以阅读《木偶奇遇记》为例，《软件导刊（教育技术）》第 3 期。

杨清（2012）贴近学生的真实阅读：国外阅读评价分析——以 PIRLS、PISA 和 NAEP 为例，《外国中小学教育》第 5 期。

杨仁燕（2018）《基于语文核心素养的小学低年级阅读教学研究》，淮北师范大学硕士学位论文。

叶丽新（2016）上海市中小学生汉语阅读能力分级标准（暂定稿），《上海课程教学研究》第 6 期。

叶丽新（2018）"变"与"不变"：2000 — 2018PISA 阅读素养观的关键特征，《课程·教材·教法》第 6 期。

叶玉华（2019）"互联网+"背景下小学低年级学生课外阅读的探索，《教育信息技术》第1期。

应永恒（2019）语文核心素养是高考的"垫底酒"，陈跃红主编《语文教学与考试研究》，北京：语文出版社。

俞向军、马军军（2018）学生阅读素养的国际比较研究及启示，《中国考试》第10期。

余永玲、杨宏生、黄涛、范鹏（2019）人工智能技术在中考评卷中的应用，《中国轻工教育》第6期。

袁曦临、王骏、刘禄（2015）纸质阅读与数字阅读理解效果实验研究，《中国图书馆学报》第5期。

张宝林（2010）回避与泛化——基于"HSK动态作文语料库"的"把"字句习得考察，《世界汉语教学》第2期。

张伯江（2000）论"把"字句的句式语义，《语言研究》第1期。

张帆（2018）《基于"核心素养"的中学语文教学方法研究》，延安大学硕士学位论文。

张桂清（2006）《人教版初中语文教科书口语交际内容分析与思考》，东北师范大学硕士学位论文。

张晶（2011）《来华预科留学生汉语阅读策略调查研究》，山东大学硕士学位论文。

张开（2012）高考语文作文的类型及评价标准，《上海教育评估研究》第3期。

张开、赵静宇（2017）恢复高考后语文课改革与发展述略，《中国考试》第3期。

张凯（2002）《语言测验理论与实践》，北京：北京语言文化大学出版社。

张凯（2016）《语言测试概论：几个问题》，北京：北京语言大学出版社。

张萌（2020）《初中语文口语交际教学策略研究》，曲阜师范大学硕士学位论文。

张敏强、刘晓瑜（2003）中小学课程的改革与评价考试体系的完善，《教育研究》第12期。

张睦楚、汪明（2015）在改革中适应：美国新一轮SAT考试改革的理性之路，《外国中小学教育》第10期。

张所帅（2016）PIRLS2016阅读素养评价新动向，《教育科学研究》第9期。

张所帅（2018）PISA、PIRLS和NAEP阅读评价项目对我国阅读教学的启示，《教学与管理》第3期。

张所帅、黄志军（2016）"PIRLS"阅读素养评价新动向，《语文建设》第5期。

张旺熹（2001）"把"字句的位移图式，《语言教学与研究》第 3 期。

张亚童（2018）《核心素养视域下初中文言文教学研究》，河北师范大学硕士学位论文。

赵静宇（2015）从写作要求和评分标准看高考作文的症结，《课程·教材·教法》第 3 期。

赵琪凤（2016）汉语水平考试的历史回顾及研究述评，《中国考试》第 9 期。

赵琪凤（2018）我国中小学语文口语交际能力测评初探，《考试研究》第 5 期。

赵世举（2015）《语言与国家》，北京：商务印书馆。

赵雪梅（2017）《初中语文口语交际教学评价现状及策略分析》，重庆师范大学硕士学位论文。

赵阳、蔡敏（2009）2011 年写作评定框架——美国国家教育进展评估改革动向，《世界教育信息》第 7 期。

赵莹莹（2017）《语文核心素养与初中语文教学改进》，青海师范大学硕士学位论文。

赵苑伶（2017）公平与科学：美国新一轮 SAT 考试改革及对我国高考改革的启示，《民族高等教育研究》第 6 期。

郑桂华（2017）高考语文试题的变化与展望，《中国考试》第 1 期。

郑国民、孙宁宁、纪秀君（2001）语文中考改革中存在的问题及思考，《课程·教材·教法》第 7 期。

郑家平（2017）对外汉语语法教学前置的可行性考察——以"了""过""把"为例，《云南师范大学学报（对外汉语教学与研究版）》第 5 期。

中国大百科全书总编辑委员会（1985）《中国大百科全书·教育卷》，北京：中国大百科全书出版社。

钟启东（2019）《高考语文模拟平台及相应智能阅卷的研究与实现》，济南大学硕士学位论文。

周彩丽（2019）注意，教育部统编教材将于新学期使用！语文教材的教与学有这些要点！https://m.sohu.com/a/335629241_740649

周宓、李瑛（2017）基于核心素养的语文开放性试题多维评量模型的设计与探索，《中国考试》第 11 期。

竺博、付瑞吉、盛志超、汪洋（2019）人工智能在教育考试评测中的应用探索，《电子测试》第 14 期。

朱伟、于凤姣（2012）国际阅读评价研究对我国阅读教学的启示——以 PIRLS2011 和 PISA2009 为例，《上海教育科研》第 4 期。

庄文中（2004）《外国母语课程改革与新课程标准——他山之石 可以攻玉》，武汉：湖北教育出版社。

邹申（1998）《英语语言测试——理论与操作》，上海：上海外语教育出版社。

邹申（2005）对考试效应的认识与对策——兼谈高校英语专业四、八级考试大纲的修订原则与方案，《外语界》第 1 期。

左岚（2015）国际阅读评估项目研究：中国与国际比较，《比较教育研究》第 10 期。

Abedi, J., Courtney, M., Leon, S., Kao, J. and Azzam, T.（2006）*English Language Learners and Math Achievement: A Study of Opportunity to Learn and Language Accommodation*. Los Angeles, California: University of California, Center for the Study of Evaluation/National Center for Research on Evaluation, Standards, and Student Testing.

Bachman, L.F.（1990）*Fundamental Considerations in Language Testing*. Oxford: Oxford University Press.

Bachman, L.F. & Palmer, A.S.（1999）*Language Testing in Practice*. 上海：上海外语教育出版社。

Bachman, Palmer（2016）《语言测评实践：现实世界中的测试开发与使用论证》，北京：外语教育与研究出版社。

Berliner, D. C., Fisher, C. W., Filby, N. & Marliave, R.（1978）*Executive summary of Beginning Teacher Evaluation Study*. San Francisco: Far West Regional Laboratory for Educational Research and Development.

Blömeke, S., Hsieh, F.J., Kaiser, G. & Schmidt, W.H.（2014）*International Perspectives on Teacher Knowledge, Beliefs and Opportunities to Learn*. New York: Springer.

Brennan, R. L., ed.（2006）*Educational measurement*（4th edition）. Washington, DC: American Council on Education/Praeger.

Brophy, J., & Good, T. L.（1986）*Teacher behavior and student achievement*, New York: M. C. Wittrock（Ed.）.

Cai, J., Mok, I.A.C., Vijay Reddy, V., & Stacey, K.（2016）*International Comparative*

Studies in Mathematics: Lessons for Improving Students' Learning, ICME-13 Topical Surveys, Switzerland: Springer.

Carlson, S., Seipel, B.& Mcmaster, K. (2014) Development of A New Reading Comprehension Assessment: Identifying Comprehension Differences Among Readers. Learning And Individual Differences 32: 40-53.

Carroll, J. B. (1963) A Model for School learning, Teachers College Record.

Deng, X.M. & Sun, J. (2019) Reading Ability: From Individual Development to Important Demand. Open Access Library Journal, 6: 1-6.

Du, H. (2006) The Acquisition of the Chinese Ba-construction.Munich: Lincom Europa.

Fairlie. R.W., Robinson.J. (2013) Experimental Evidence on the Effects of Home Computers on Academic Achievement among Schoolchildren. American Economic Journal: Applied Economics, 5: 211-240.

Flavell, J.H. (1979) Metacognition and cognitive monitoring: A new area of cognitive-inquiry. American Psychologist, 34: 906-911.

Fulcher, G. (2003) Testing Second Language Speaking. London: Pearson Education Limited.

Grabe, W, & Stoller, F. J. (2005) Teaching And Rearching Reading. Beijing: Foreign Language Teaching and Research press.

Lunzer, E. & Gardner, k. (1979) The Effective Use of Reading. London: Heinemann Educational.

OECD (1999) Measuring Student Knowledge and Skills: The PISA 2000 Assessment of Reading, Mathematical and Scientific Literacy, Paris: OECD publishing.

OECD (2003) The PISA 2003 Assessment Framework: Mathematics, Science, and Problem Solving Knowledge and Skill, Paris: OECD Publishing.

OECD (2006) Assessing Scientific, Reading and Mathematical Literacy: A Framework for PISA 2006, Paris: OECD Publishing.

OECD (2009) The PISA 2009 Assessment Framework: Key competencies in Reading, Mathematics and Science, Paris: OECD Publishing.

OECD (2014) Does homework perpetuate inequities in education? OECD, Pairs.

OECD（2014）*PISA2012 Technical Report.* OECD，Pairs.

OECD（2016）*Are disadvantaged students given equal opportunities to learn mathematics?* OECD，Pairs.

OECD（2017）PISA 2015 Assessment and Analytical Framework：Science，Reading，Mathematic，Financial Literacy and Collaborative Problem Solving，revised edition，PISA，OECD Publishing，Paris. http：//dx.doi.org/10.1787/9789264281820-en

OECD，PISA（2018）Draft Analytical Frameworks [EB/OL]. http：//www.oecd.org/PISA/data/PISA-2018-draft-frameworks.

Park.S.W.，ChanMin Kim（2014）Virtual Tutee System：A potential tool for enhancing academic reading engagement. *Educational Technology Research And Development* 62：71-97.

Paris，S.，Waskik，B.，& Turner，J.（1991）*The Development Of Strategic Readers，Handbook Of Reading Research.* New York，NY：Longman.

Phakiti，A.（2003）A closer look at the relationship of cognitive and metacognitive strategy use to EFL reading comprehension test performance. *Language Testing*，20（1）：26-56.

Phakiti，A.（2008）Construct Validation of Bachman and Palmer's（1996）strategic competence model over time in EFL reading tests. *Language Testing*，25（2）：237-272.

Porter，A. C（2002）*Measuring the content of instruction：Uses in research and practice*，Educational Researcher.

Rost，D.H.（1993）Assessing the Different Component of Reading Comprehension：Fact or Fiction. *Language Testing* 10（1）：79-92.

Robert，E. F（2002）*The Measurement of Opportunity to Learn." National Research Council. Methodological Advances in Cross-National Surveys of Educational Achievement*，The National Academies Press，Washington，DC.

Schmidt，W. H .，Cogan，L. & Houang，R. T.（2001）*The Role of Opportunity to Learn in Teacher Preparation：An International Context*，Journal of Teacher Education.

Schmidt，W.H.，Zoido，P. & Cogan. L.（2013）*Schooling Matters：Opportunity to Learn in PISA 2012*，OECD，Pairs.

Spolsky, B. (2000) Measured Words. 上海：上海外语教育出版社。

Stephen, N. E., Brendan J. B (2016) *Opportunity to Learn*, Oxford University Press.

Stevens, F I (1993) *Applying on Opportunity-to-learn Conceptual Framework to the International of the Effects of Teaching Practices via Secondary Analyses of Multiple-Case-Study Summary Data*, Journal of Negro Education.

Tatto, M. T., Schwille, J., Senk, S., Ingvarson, L., Peck, R., & Rowley, G (2008) *Teacher Education and Development Study in Mathematics (PISA): Policy, practice, and readiness to teach primary and secondary mathematics. Conceptual Framework*, East Lansing, MI: Teacher Education and Development International Study Center, College of Education, Michigan State University.

Underhill. N (1987) Testing Spoken English: A Handbook of Oral Testing Teachniques. Cambridge: Cambridge University Press.

Vandergrife, L, & Goh, C.C.M. (2012) *Teaching And Learning Second Language Listening: Metacognition in Action*. New York, NY: Routlege.

Webster, B.J., Young, D.J. & Fisher, D.L (1999) *Gender and Socioeconomic Equity in Mathematics and Science Education*, Curtin University of Technology.

Weir, C. J. (1993) *Understanding And Developing Language Test*. London: Prentice Hall.

Wen, X. A (2012) Daunting Task? The Acquisition of the Chinese Ba-construction by Nonnative Speakers of Chinese. *Journal of Chinese Linguistics*, (1).

Wiley, D. E., & Harnischfeger, A (1974) *Explosion of a myth: Quantity of schooling and exposure to instruction, major educational vehicles*, Educational Researcher.

Writing Framework for the 2011 National Assessment of Educational Progress, National Assessment Governing Board, https://www.nagb.gov/content/nagb/assets/documents/publications/frameworks/writing/2017-writing-framework.pdf

后　记

　　2015年，我有幸加入由北京大学中文系陈跃红教授主持的国家社科基金重大项目"国民语文能力研究暨测试系统分类建设"（项目编号：15ZDB081），并担任子课题负责人。于我而言，这是一次难得的学习机会，同时也是成长道路上的一段宝贵的学术历练。国民语文能力研究及测试建设探索与语言学研究及语言测试研究密切相关。我自2006年工作以来，一直从事汉语考试的研发与实施工作，也曾关注过义务教育阶段语文能力素养的研究。自从加入项目研究中后，这份研究兴趣便成为一种无形的压力和巨大的动力。

　　这些年来，通过参加项目组举办的各类研讨会、座谈会、讲座，让我更加系统、全面地了解和学习当前国民语文能力研究的现状与发展趋势，对国民语文能力的界定和测试系统建设有了初步的设想与思考。但是限于个人的时间、精力和理论修养，对这个重大问题的研究，无论在广度上还是在深度上至今都非常有限。好在我们的子课题小组有定期的交流汇报制度，我和子课题成员们聚焦课题研究主旨，并结合个人兴趣，共同展开了对这一课题的初步探索。

　　现在，呈现在读者面前的这本书便是我和子课题组成员们共同完成的一项研究成果。本书主要作者北京语言大学赵琪凤教授多年从事汉语作为第二语言的测试研发与研究工作，其他作者均为该项目成员及她所指导的研究生。书稿的选题、组稿、统稿由赵琪凤负责。其中，绪言、第五章（部分）、第六章、第八章（部分）、结语、后记部分由赵琪凤撰写，第五章（部分）、第七章（部分）由李晓茜撰写，第一章由王淼婧、毛丽佳撰写，第二章由刘蓓蓓、田平撰写，第三章由鲁倩文撰写，第四章由陈瑾撰写，第七章（部分）由黄聪撰写，第八章（部分）由张岳撰写。我们深知，目前所做的这一系列研究还是十分初步的，还远不成系统，也并非成熟。期待今后能有更多的学者加入对这一问题的探讨，在更广的范围和更深的层面上开展研究，以不断丰富我们对国民语文能力研究及测试系统分类建设这一问题的认识。

借此书出版之际，我要感谢大师姐王佶旻教授的引荐，让初出茅庐的我加入国家社科重大项目课题组，可以说大师姐为我提供了一个广阔的平台，在我前进的道路上提供助力。同时，衷心感谢北京大学陈跃红教授、宋亚云教授多年来在项目研究中对我的帮助与指导，感谢国家社会科学基金重大项目及北京语言大学梧桐创新平台项目的资助，感谢我正在援疆工作的新疆伊犁师范大学中国语言文学学院的大力支持，感谢北语科研处老师们的悉心帮助，感谢研究出版社安玉霞老师的辛勤编辑和积极推动，使得本书作为国社科重大项目"国民语文能力研究暨测试系统分类建设"子课题的一个重要研究成果，能够顺利出版问世。

赵琪凤
于新疆伊犁
2021 年 12 月